KB264711

이제 사실의 시대는 종언을 고했는가?

척도조차 상실하면 표류하게 되어 있다.

독일 1등 뉴스, 타게스샤우

발행일 2012년 4월 16일 초판 1쇄

지은이 신창섭

발행인 권선복

편집인 이정화

교정교열 박소은

편집주간 오성용

업무지원 박순애, 박소은

마케팅 서선교, 이승훈, 이란

발행처 도서출판 행복에너지

주    소 서울시 강서구 화곡동 24-322

전    화 0505-666-5555 팩    스 0303-0799-1560

www.happybook.or.kr | ksb6133@naver.com

독일 1등 뉴스

# 타게스샤우
# tagesschau

신창섭 지음

이 책은 방일영 재단의 저술지원기금으로 출판되었습니다

# 서문

개락이라는 단어가 있습니다. 강원도지방 사투리인데 넘친다는 뜻입니다. '어판장에 양미리가 개락이라네요' 식으로 사용하지요.

범람, 잉여剩餘의 시대입니다. 사는 게 힘들다고 아우성인데 뉴스는 넘칩니다. 사는데 이렇게 많은 정보가 과연 필요한가, 하는 물음이 생깁니다. 이 난마처럼 얽힌 시대에 잉여는 숙명인가요.

뭐든 남아돌아서 탓입니다. 사람도 남아돌고 뉴스도 말 그대로 개락이고. 정보를 전하는 방식도 하루가 다르게 변합니다. 특히 아이폰으로 대변되는 정보 생산과 유통, 그리고 전파 속도나 방식은 놀랍습니다. 개개인이 모두 미디어의 주체이자 전달자입니다. 터치하면 유포됩니다. 이게 이 시대의 피할 수 없는 현상입니다.

2011년 가을, 팟캐스트podcast인 '나꼼수'라는 인터넷 방송이 세간의 화제를 만들고 있습니다. SNS(Social Network Service)를 이용한 소통방식은 정치인들도 눈치 살피는 매체로 진화하고 있습니다.

SNS는 새로운 매체권력으로 급부상 중입니다. 이런 신종매체의 출현으로 텔레비전 뉴스는 이제 낡은 방식으로 전락하게 될까요. 아니면 시대의 뒷방으로 밀려나는 올드 미디어가 될까요. 여기저기 '소통혁명'이라는 구호가 펄럭대지만, 텔레비전 뉴스는 여전히 정해진 시간이면 안방에 배달음식처럼 찾아옵니다.

아마도 텔레비전 뉴스의 장점이라는 게 하루의 고단한 일상을 마치고 집에 들어와 편안하게 세상 돌아가는 소식을 볼 수 있다는 것이 아닌가 싶습니다. 뉴스라는 게 수상기가 좋아져서 화질이 깨끗해진다고 내용 또한 저절로 좋아지는 것이 아니지요. 바로 여기서 한국 텔레비전 뉴스에 대한 물음이 시작됩니다.

한국 텔레비전 뉴스는 오늘 안방에 어떤 뉴스를 전달하고 있습니까? 그 뉴스가 우리 삶에 정말 유익하고 필요한 것일까요.

그 뉴스 속에 세상을 뒤덮고 있는 음모와 괴담, 조롱과 희화를 식별해 주는 잣대가 있을까요.

마구 떠든다고 다 정보가 아니고 언론도 아닙니다. 요란한 것 속에 저질이 판칠 수 있고 거짓이 사실을 몰아낼 위험도 있습니다. 더욱이 정치적 음모가 깃든 소통은 겉보기에 더 화끈할 수 있습니다. 이는 전통매체라고 할 수 있는 제도권 언론이 제대로 서 있어야 하는 이유이기도 합니다. 왁자지껄할수록 텔레비전 뉴스의 기능과 역할이 더 중요해집니다. 어쩌면 텔레비전 뉴스를 안방에서뿐 아니라 어디서든지 쉽게 터치할 수 있기에 더 중요해졌는지 모릅니다.

디지털 기술의 발전으로 시간, 장소에 구애받지 않고 보기는 쉬워도 뉴스를 제작하기는 여전히 만만치 않습니다. 뉴스의 취사선택은 그리

쉬운 과정이 아니고 전문적인 훈련과 열정, 고뇌, 분석과 판단 등 종합적인 노력이 필요합니다. 기술적인 측면뿐 아니라 사실을 가려내는 안목이나 판단력, 기사작성 모두 다 어렵습니다.

저 역시 현업에서 그런 점이 늘 부족한 자신을 발견하면서 절망했고 결국 실패의 이력만 쌓았습니다.

정보를 중재하고 전달한다는 것은 참으로 어렵습니다. 그 기능이 목청을 크게 낸다고 성취되는 것도 아니고 선거판에서 한 방 날리듯이 단 하나의 특종으로 이뤄지는 일도 아닙니다. 신뢰가 필요합니다. 목소리 크고, 제스쳐가 크다고 신뢰가 큰 것이 아니지요. 유행을 따라가고 이익만을 쫓고 숫자의 포로가 되는 게 신뢰를 쌓는 일은 더더욱 아니지요. 저널리즘의 본령 회복이 절실합니다. 세상이 너무 어지럽고 혼탁하기 때문입니다. 제정신으로 살기 어려운 세상 아닌가요.

ARD라는 글자는 너무 생소한 이름입니다. 거기다 타게스샤우 Tagesschau라는 이름도 마찬가지지요.

그래도 메이드 인 저머니made in Germany 제품의 품질과 우수성에 대한 신뢰는 여전합니다. 그 가운데 독일 방송은 우리가 모르고 있던 부분이죠. 아마도 우리와 별 무관한 것이어서 그랬을 겁니다. 그러나 이제는 이런 부분도 한번 찬찬히 살펴볼 때가 되었습니다. 믿는 도끼에 발등 찍힌다고, 언제부터 우리가 모방으로 삼고 등대로 삼았던 지표나 대상들이 우리들의 영원한 이상이었던가요. 그냥 따라 했을 뿐입니다. 어쩌면 베끼기 쉽고 보기 좋으니 그랬을지도 모릅니다.

늘 그렇지만 낯선 용어를 들고 대화하기란 쉽지 않습니다. 하지만 이렇게 나선 것은 언론인의 성찰이자 반면교사가 되자는 소망 때문입니다. ARD 타게스샤우 뉴스를 통해 우리를 비판적으로 보고자 하는 의도에서 집필을 감행했다고 해야지요.

그렇다고 타게스샤우를 기준점으로 세워놓고 한국 텔레비전 뉴스가 그에 비교해 못하다는 정죄定罪를 내리려 하는 것은 아닙니다. 그런 단선 비교가 의도라면 좀 촌스런 접근일 테고 나의 시도는 의미 없이 썰렁해질 것입니다. 표면에 드러난 너머를 통찰하기 위해 남을 소중히 보듯이 한번 보자는 것입니다.

급속한 디지털의 파고 속에 여러 정보가 넘실대겠지만, 정보를 만들어 나가는 과정에는 아날로그적 손길과 열정이 필요합니다. 너무 많으니 잉여는 불가피한 상황이고 뭐가 알곡인지 판별을 하는 것이 더 중요해졌습니다. 나무에서 열매가 떨어지듯이 좋은 뉴스가 거저 생산되지는 않습니다. 누군가 먼저 좋은 뉴스를 만들어야 더불어 공유합니다. 그게 출발입니다.

대세인 SNS에 퍼 날라지는 정보의 기술적 이동은 쉬울지 몰라도 그게 생산성 내지 삶의 윤택을 보장하지는 않습니다. 금방 뭐가 될 것 같은 기분도 들지만 그것만이 전부는 아닙니다. 그 방식을 폄하하고 얕보는 것은 아닙니다. 세상 소통이 거기에만 의존되니 그것만이 소통의 진정성을 의미할 거라는 식의 접근은 그냥 일시적인 평가일지 모릅니다. 많이 떠다닐수록 짝퉁도 엉터리도 많으니 그걸 걸러주는 게 여전히 필요하고 중요합니다. 시류에 편승해 참으로 범박하고 야비한 행동을 서슴지 않는 언론이라는 가면, 뉴스라는 포장을 확 벗겨 내는 진정성이 요구되는 시점입니다.

미디어가 스스로 장사꾼, 싸움꾼이 되면 곤란합니다. 그런 꼼수가 숨어있으면 언어는 비열해지고 화면은 분칠로 위장됩니다. 이는 나에게 자문하는 것이기도 합니다. 기자든 경영진이든 편집진이든 시청자든 언론 동네의 구성원이면서 '이건 좀 아니다.'라고 생각하는 분들과 나누고 싶은 이야기입니다.

사실이나 뉴스조차 쇼를 닮아가는 현실을 그냥 재미로만 봐야 하는가요. 뉴스는 뉴스이지요. 뉴스 언어조차 쇼의 언어를 닮아간다면 언어의 사회적 혼란을 텔레비전이 부추기는 꼴이 되겠죠.

독일의 경우 타게스샤우가 밀물처럼 밀려드는 다양한 포맷과 언어의 뉴스 앞에서 마치 이순신의 일자진一字陣으로 버티는 것 같다고 할까요. 변하지 않으려는 역설로 수성守成하는 격이지요. 무한경쟁에서 척도를 만들어가고자 하는 데서 공영정신의 실행을 봅니다. 모두 다 세상살이 풍조를 닮아가려고 언어에도 조롱, 희화, 욕설, 재미가 판치는 판에 언어 고유의 규범으로 말하는 모습이 참으로 굳건해 보이고 든든해 보이기도 합니다. 참 유행 안 타는 뉴스프로그램입니다.

타게스샤우의 형식이나 진행방식은 이제 마이너의 방식입니다. 그러나 여전히 1등입니다. 뉴스 하는 데는 유행 따라가는 게 필요 없다고 꼿꼿하게 버티면서 그 모습 그대로를 지키고 있습니다. 오래되고 변하지 않는 양식이라고 무용無用하지만은 않다는 점을 타게스샤우가 일러주는 것 같습니다. 다양성이 중요시되는 시점에 그런 전통적인 것을 다시 한번 차근히 들여다보는 게 좀 더 나은 질적 다양성을 위한 방편이 아니겠는가 하는 생각도 해봅니다.

ARD 이사회 의장을 역임한 노보트니Novotny는 이렇게 말합니다.

"타게스샤우가 없다면 독일 사회 소통문화의 다양성이 한참 빈약해질 것이다."

참으로 역설적인 평가입니다. 화려한 것이 없어서 빈약해지는 것이 아니라 정통이 없어지면 빈약해진다니 말입니다. 그럴 것도 같지요. 다들 시류에 맞춰 요란하게 변신한다면 원조 모습 그대로 남아있는 게 존재가치가 있겠지요. 이점은 이제 치열한 공민영 뉴스전쟁에 돌입한 우리가 새겨 봐야 할 대목이 아닐까 합니다.

이제 막 출범한 종편뉴스를 평가할 단계는 아니지만 경쟁이 치열할수록 공영은 공영의 원래 모습을 사수하는 것이 경쟁력이나 사회 전체의 다양성과 조화를 위해 중요하다는 것이죠. 그것은 단지 외형적 형태에서 나타나는 경쟁력뿐 아니라 뉴스가 지향해야 할 신뢰, 공정, 정확성 문제에서도 마찬가지겠죠. 타게스샤우는 변하지 않고 전통방식을 고수하는 것을 경쟁전략으로 꼽는데 벌거벗은 경쟁시대에 전통고수 채널을 들여다보는 것은 우리에게도 의미 있는 공부가 될 것 같습니다.

욕심 같아선 독일 함부르크 ARD 뉴스센터로 날아가 타게스샤우의 현장을 보고 편집진, 경영진들과 대화도 나누고 책을 집필했으면 더욱 현실감 있는 책이 되었을 텐데 그러지 못하고 과거 기억과 자료에 의존해 작업을 하게 된 것을 여의치 않은 여건 탓으로 돌립니다. 인터넷 뉴스화면을 통해 부족한 부분들을 채우면서 완성도를 높이려고 애썼다는 점을 사족으로 적습니다.

책을 통해 소망의 줄이 끊어지지 않게 해준 격려와 배려의 손길에 감사 전합니다.


2012년 저 자

신　창　섭

# 목차

# 1. 메이드 인 저머니에 대한 생각

메이드 인 저머니 중에서도 나는 독일 방송이 어쨌든 무언가 다르다고 생각한다. 그런 측면에서 독일 텔레비전 뉴스, 그 가운데 가장 역사가 오래된 ARD의 타게스샤우 뉴스를 찬찬히 들여다보는 것은 의미가 있는 일일 터이다.

# 1. 메이드 인 저머니Made in Germany에 대한 생각

독일은 여전히 '먼 나라'이다. 자동차나 세탁기 같은 제품에서 메이드 인 저머니가 우리의 생활주변 가까이 와 있지만 문화영역에서 보면 상대적으로 이웃 같지는 않다. 정서적으로는 지구본 상의 거리 이상으로 멀다. 이는 우리 사회 전반이 그간 미국 중심으로 제도나 문화를 형성해 온 탓이 크다. 이를테면 박사학위를 받아도 미국박사가 취직이 잘되지 독일박사는 입에 풀칠하기도 쉽지 않다. 실력차이가 아니라 한국의 지적풍토가 그렇다.

엄연한 현실이다. 적어도 정신적인 측면에서 독일제는 우리 현실과 멀다. 그런 가운데 독일 텔레비전 뉴스는 우리와 정말 먼 나라 이야기이다. 우리는 독일 통일이라는 큰 테마로 독일을 들락거리면서 배우고 견학하고 하지만 통일을 가능케 한 주변 요소들을 그만큼 열심히 들여다보지 않는다.

독일 텔레비전 뉴스를 미국 CNN처럼 한국에서 볼 수도 없으니 굳이 관심을 둘 이유도 없다. 외국의 선진뉴스를 답습하러 간다고 하면 미국으로 찾아갔지 독일은 흔한 벤치마킹 대상도 안 된다. 너무 다르기 때문이다. 다르다는 것의 의미는 익숙한 것과 다르다는 뜻일 수도 있고 보지 못했던 것이기에 낯설다는 뜻일 수도 있다. 다르다는 게 선악의 개념은 아닐 테니 말이다.

여태까지 텔레비전 프로그램의 벤치마킹 대상은 미국이나 일본이었다. 많이 베껴 사용했고 지금도 여전하다. 그래픽을 사용해서 뉴스를 화려하고 재미있게 만드는 것은 다 미국이나 일본에서 온 관습이다.

독일 뉴스가 멀게 느껴지는 또 다른 한 가지 이유는 문화 풍토의 차이다. 이는 일종의 국민 습관이나 행태의 차이일 수도 있다. 텔레비전이라는 게 자국민들의 습성과 밀접한 연관을 가진 안방 매체이므로 독일 텔레비전 프로그램을 그대로 수입하여 한국에서 접목하기가 쉽지 않다. 도드라진 일례로 공영방송에서 주야장천晝夜長川 드라마를 하는 나라가 우리나라 말고 어디 다른 데 있던가? 한마디로 텔레비전 프로그램에서 독일제는 장사가 안되는 것이다.

이렇게 이야기하고 보니 나는 장사가 안될 일을 지금 하고 있고 그런 나의 집필이 참으로 어리석은 일이 아닌가 하는 자괴감도 든다. 그러나 반드시 그렇지만은 않을 것이다. 미국제나 일본제라고 해서 꼭 최고이고 영원하지는 않다. 우리가 한순간 거기에 몰두해 별생각 없이 수용하다가 습관이 되어버린 것이지 그게 우리의 삶을 영원히 지탱해주는 구실을 한다는 근거도 없다.

미국시스템은 영원한가? 오늘 이 시점에서 그렇다고 대답한다면 세상의 일면만 보고 있는 것이리라. 변화가 오래전부터 있어왔지만 별반 주의를 기울이지 않았거나 나와 아무 연관이 없을 것으로 여겼기에 그냥 지나친 것이다.

세상일이 다 그런 것 아니겠는가. 독일 텔레비전 뉴스를 알지 못한다고 무식하다는 소릴 듣는 것도 아니고 한국에 텔레비전 뉴스가 나오지 않는 것도 아니다. 그러니 우리가 독일 텔레비전 뉴스에 대해 알지 못한다고 해도 사는데 큰 문제가 되는 것은 아니다. 그러나 그렇게 단선적으로 말하면 논의가 여기서 멈출 터이니 메이드 인 저머니 중에서 이런 것도 있다는 것을 슬쩍 말하고자 한다.

메이드 인 저머니 중에서도 나는 독일 방송이 어쨌든 무언가 다르다고 생각한다. 그런 측면에서 독일 텔레비전 뉴스, 그 가운데 가장 역사가 오래된 ARD의 타게스샤우 뉴스를 찬찬히 들여다보는 것은 의미가 있는 일일 터이다. 유럽에 명품 가방만 있는 게 아니라 이런 명품 뉴스도 있었구나, 하며 인식의 폭을 넓히는 계기가 되고 그게 한 뼘이라도 공부에 도움이 된다면 금상첨화 아니겠는가. 명품 하면 정말 사족을 못 쓰는 세계 최대 명품소비국가에서 가방 아닌 이런 명품도 한번 구경할만하지 않을까. 메이드 인 저머니는 엉터리가 없다. 이는 다들 인정하는 바이니 속지 않을까 하는 생각은 접어두고 안심해도 좋으리라.

타게스샤우 뉴스는 독특한 방송체제에서 나온 청국장 같은 뉴스다. 한국의 양대 공영방송이라고 하는 KBS, MBC의 운영체제는 사실 독일 공영방송체제에서 따온 것이다. 특히 독일이 텔레비전위원회를 두어 공영방송을 관리하고 감독하는 것을 우리 KBS, MBC가 벤치마킹해서 운영하고 있다. 그렇게 틀을 수입해 사용하고 있는데 운영이라는 내적 측면을 들여다보면 독일과 우리 방송은 다른 점이 많다. 제도적 틀만 들여왔기 때문에 내부의 것은 다른 차원의 것이 되어 버린 게 많다.

지금부터 나는 이 독일제 타게스샤우 뉴스에 대해 이야기하고자 한다.

# 2. 독일 텔레비전 뉴스

그야말로 '국민방송'이다. 이는 단지 구호가 아니라 실질적으로 타게스샤우가 국민들과 더불어 하는 뉴스이기에 그렇다. 시대에 맞게 변화를 시도하거나 뭘 새롭게 시도하는 것도 아닌데 여전히 1등이다. 민영의 저돌적인 공세에도 불구하고 여전히 1등이다. 변함이 없다.

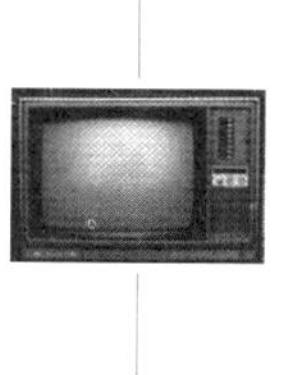

# 2. 독일 텔레비전 뉴스

현재 독일 텔레비전은 공민영 이원체제이다. 공영방송은 ARD, ZDF 두 곳이고 민영방송은 SAT1, RTL, PRO7등과 수많은 케이블 방송까지 셀 수 없을 정도로 많다.

정말 엄청난 양의 프로그램이 매일 전파를 타고 있다. 뉴스 프로그램도 마찬가지다.

제2 공영인 ZDF의 Heute는 1963년 시작하였다. ARD와 ZDF, 두 공영방송의 뉴스는 독일 뉴스의 양대 축이라고 할 수 있다. 이어 1980년대에 민영방송이 등장하면서 텔레비전 시장의 판도가 달라졌다. 그야말로 치열한 경쟁이 시작됐다.

독일 텔레비전 뉴스 가운데 가장 대표적인 것이 바로 타게스샤우다. 1952년 시작됐으니 환갑이 넘었는데도 당시 타이틀을 그대로 유지하고 있고 세트나 진행방식 등도 별로 변한 게 없다.

타게스샤우의 뉴스는 아주 정치적이라는 게 그 특징이다. 정치적이라는 의미는 특정 정파의 이익을 대변하는 뉴스라는 단선적 의미가 아니다. 다른 아이템에 비해 정치뉴스가 많다는 의미다. 정치 관련 뉴스가 많다고 정파적이라고 규정하면 곤란하다. 과문한 주장일지 모르나 세계 어느 나라 텔레비전 뉴스도 이렇게 정치뉴스에 시간을 많이 할애하지는 않는다.

독일 내에서 ARD가 어느 특정정당을 더 편든다는 편파논쟁이 종종 있어왔지만 우리가 생각하듯 특정 정파의 편을 들거나 도구화된다는 것과는 다르다. 여기서 정치적이란 의미는 좀 더 포괄적인 의미로 단지 정치인들의 행태나 업무만을 이야기하는 게 아니고 시민들의 삶을 통해 정치의 주요현안, 이를테면 연금이니 보험이니 세금이니 하는 생활문제에 대해 토의하고 토론·논쟁하는 것을 포괄하는 것이다.

최근에는 최저임금문제로 정치권이 뉴스를 날마다 생산해내고 있다. 독일 정치뉴스는 아주 구체적이고 실질 생활과 밀접한 관계가 있다. 정치뉴스라고 해서 의회에서 의원들 소식을 전하는 것에만 국한되지 않는다. 행정부, 의회, 기타 정책 관련 뉴스를 전반적으로 다룬다. 국내뿐 아니라 국제뉴스도 포함한다.

타게스샤우의 15분 뉴스 가운데 거의 절반이 정치 관련 뉴스이다. 행정부의 각종 정책에 대한 토론, 각 당의 입장 등 날마다 의회토론이 텔레비전 뉴스를 통해 전달된다. 독일의 장관이나 정치인만큼 텔레비전에 자주 등장하는 경우도 드물다. 장관들은 거의 매일 텔레비전에 등장해서 주요 정책에 대해 답하고 듣고 한다. 정치인이나 장관의 자질이 이런 미디어를 통해 자연스럽게 검증된다.

그들은 말을 잘도 한다. 그냥 화술이 뛰어난 것이 아니라 똑부러지게 현안을 설명하는 모습이 정치는 말로 한다는 느낌마저 받게 한다. 어느 장관, 어느 정치인의 업무파악이 어느 정도인지 다 드러난다. 별도의 업무수행능력 청문회가 필요 없을 정도로 업무수행능력이 미디어를 통해 특히 텔레비전 화면을 통해 자연스럽게 드러난다. 그러므로 정치인의 텔레비전 등장에 대해 누구에게 특혜를 주느냐 등의 치졸한 시비가 덜하다. 뉴스에 불려 나가 답변하고 검증받는 게 당연시된다.

독일에서는 정치인이 텔레비전 화면에 나오는 게 일상이다. 언제 어디서든지 기자가 마이크를 들이대면 질문과 답이 오간다. 참으로 우리와 사뭇 다른 모습이다. 한국의 정치인들, 특히 거물이라 하는 정치인들은 특별한 이슈가 있을 때만 텔레비전에 나타난다. 하지만 타게스샤우에서 총리나 당 대표, 사무총장, 장관이 텔레비전에 나타나는 것은 매일 반복되는 일이다. 여기에는 정치인들이 국민들을 위해 지금 무슨 일을 하고 있는지 알려주고 점검하는 측면도 있는 것이다.

정치인의 화면등장을 색안경을 끼고 보는 풍토도 변해야 한다. 편파 방송이 심했던 시절의 악몽으로 기계적 균형을 강조하고 그걸 맞추려는 공정의 잣대를 갖는 것도 좋지만 정치인을 뉴스메이커 그 자체로 다루는 접근법이 아쉽다.

우리식 판단으로 재미없는 정치뉴스에 치중하는데도 타게스샤우는 시청률 1위 뉴스프로그램이다.

왜 그런가? 독일인들이 정치뉴스를 선호하는 탓인가. 독일 시청자들이 정치적인가. 정치인이 뉴스에 나오면 채널이 돌아간다고 고개를 돌리는 한국 텔레비전 뉴스룸과는 전혀 다른 시각이다.

단지 오래된 게 이유인가. 먼저 시작한 원조이기에 그런가. 그것만으로는 설명이 부족하고 그것만도 아닐 것이다.

아마도 그건 오랜 전통에서 나오는 신뢰가 바탕이 되기 때문일 것이다.


그야말로 '국민방송'이다. 이는 단지 구호가 아니라 실질적으로 타게스샤우가 국민들과 더불어 하는 뉴스이기에 그렇다. 시대에 맞게 변화를 시도하거나 뭘 새롭게 시도하는 것도 아닌데 여전히 1등이다. 민영의 저돌적인 공세에도 불구하고 여전히 1등이다. 변함이 없다.

불교에서 말하는 경지에 오른 여여如如하다는 게 이런 것인가? 1등이라는 순위도 그렇지만 뉴스의 형식이나 전하는 방식, 아이템 취사선택 기준에도 변함이 없다.

이런 점에서 타게스샤우는 우리의 기존 선입견을 갈아엎는다. 그게 단순히 독일만의 독특한 풍토에서 기인한 것인지 아니면 그걸 바라보는 우리의 시각이 협소한 것인지 판단할 적절한 도구나 지혜가 나에겐 없지만 말이다.

개인적인 시청소감을 말하자면 이렇다. '뉴스를 참 담백하게 하는구나.' 내게 타게스샤우는 별 치장이나 화려함도 없고 요란 떠는 것 없이 있는 그대로 팩트fact를 전한다는 인상이 각인되어 있다. 독일 시청자들의 생각도 별반 다를 게 없으리라 여긴다.

독일인의 품성처럼 수수하지만 알차고 담백한, 60년 전통의 철옹성, 부동의 1위 타게스샤우는 가장 독일적인 뉴스요, 가장 독일적인 현상이라고 말할 수 있을 것이다.


이는 미국적인 뉴스 형식이나 흐름에 너무 치우쳐 있는 우리에게 성찰의 여지를 준다. 뉴스의 전달형태나 내용이 국민의 판단은 물론 정서에 영향을 준다는 것을 염두에 두면 우리는 이러한 상황에 진지해질 필요가 있다.

단순히 뉴스를 재미있게 전달하니, 울대(방송사에서 목소리를 지칭하는 현장속어)가 좋으니 마니 하는 기술적인 측면의 논쟁이 아니다. 타게 스샤우의 뉴스 시간대가 저녁 8시이다. 밤 10시 반에 타게스테멘이라는 매거진 뉴스가 또 한 번 있다. 타게스샤우는 사실 스트레이트straight 위주의 편집이다. 그날의 일어난 일을 압축적으로 요약 정리해 준다. 스트레이트 뉴스 중심 편집이라는 게 전달형태만 단신으로 처리한다는 뜻이 아니다. 리포트도 있다. 우리가 통칭 말하는 기획기사가 없다고 보면 된다.

독일인들의 일상리듬으로 보면 8시가 뉴스보기 적합한 시간이라는 방증도 된다. 저녁 6시에 퇴근하여 집에 와서 씻고 밥 먹고 대강 마치면 8시가 된다. 그러고 나서 세상에 어떤 일이 일어났나 궁금해서 텔레비전을 튼다는 계산이다. 우리도 SBS가 8시 메인뉴스를 하지만 이는 타게스샤우 같은 스트레이트 뉴스가 아닌 종합 매거진 뉴스이다. 우리는 오히려 6시나 7시 저녁뉴스가 그렇다. 9시에 하는 뉴스데스크나 9시 뉴스가 우리에겐 시청률이 가장 높은 뉴스시간대이다.

생활리듬 탓인지 아니면 다른 요인이 있는지 모르겠지만, 독일인들은 스트레이트 뉴스, 아주 간결하게 정리된 8시 시간대의 뉴스를 자주 본다. 매거진 유형의 종합뉴스를 하는 10시 시간대는 시청률이 훨씬 떨어진다. 민영들은 대체적으로 타게스샤우의 8시보다 앞서 6시 반이나 7시대에 뉴스를 한다. 나름의 차별화 된 시간대 전략이다. 타게스샤우가 메인뉴스임에도 왜 15분밖에 하지 않는가 하는 의문을 가질법하지만 독일 텔레비전 뉴스의 포맷을 보면 이해가 간다.

독일 텔레비전에선 매거진 뉴스가 아주 활발하다. 그래서 그날의 현안에서 가지 쳐 나오는 문제들을 매거진에서 심층적으로 다룬다. 데일리 뉴스는 가급적 콤팩트하게 처리하고 그 뒷이야기는 매거진이 소화해낸다. 이를테면 타게스샤우를 하는 ARD만해도 모니터Monitor, 파노라마Panorama, 벨트슈피겔Weltspiegel 등 각 영역마다 매거진이 있다.

　본인은 과거 MBC 경제매거진이라는 프로그램을 기획해서 만든 바 있는데 사실 이것도 독일 ZDF의 경제매거진인 WISO를 벤치마킹한 것이다. 그래서 독일 텔레비전 저녁뉴스에 경제뉴스가 잘 안 보이지만 실은 생활과 밀접한 연금 문제니 자동차, 세금 등 각종 경제 뉴스가 매거진에서 상세하게 다뤄진다. 그러기에 독일 텔레비전 뉴스에는 어설픈 기획뉴스나 생활뉴스가 잘 안 보인다. 메인뉴스는 그날 국내외에서 벌어진 새 소식을 전하는 게 주 임무이다.

: 뉴스의 포장과 화면

 '껍데기에 대한 칭찬'은 좀 도발적인 제목이고 비하적인 규정이다. 이는 영상 매체시대에 화면이 주도하는 미디어 흐름에 대한 경고의 표현이다. 체코의 매스미디어학자 빌렘 플루서Vilem Flusser는 같은 제목의 그의 책에서 이렇게 규정했다.

 '영상시대에는 화면이 사실의 증거이다. 현실을 화면을 통해 확인하는 것이다. 그런데 카메라 앵글에 잡힌 화면은 현실의 전부가 아니고 편집된 현실이다. 그래서 화면은 자기주관 개입의 '장난'이 가능하고 조작의 위험도 상존한다.'

 경쟁의 심화는 화면의 비정상적 일탈을 부추기고 있다. 사실의 미적 포장이 시도된다. 현실은 포장된다. 빌렘은 화면이 넘쳐나면서 피상적인 것, 표면적인 것에 열광하고 몰두하는 현상을 비판한 것이다.

 이는 피상적인 것은 껍데기라는 비하이다. 그는 창을 예로 들면서 화면이 주는 피상적인 것에 대한 대안적 성찰을 강조하고 있다. 창은 그냥 벽에 뚫린 구멍이다. 창이 벽으로 둘러싸여 하나의 틀로 유지될 때 완성품인 창문이 된다. 그래서 그 문이 들어가고 나오는 통로가 된다는 것이다. 구멍과 문이 구별 지어지는 순간이다. 만일 화면을 받치는 벽이라는 도구가 없다면 화면은 그냥 구멍이 된다.

 텔레비전 화면 역시 세상을 보는 창이라고 한다. 아니 어느 광고 문구처럼 '또 하나의 가족'이 된 지 오래다. 많은 사람들은 텔레비전을 통해 세상을 본다. 그러나 브라운관에 나타나는 것은 현상일 뿐이다. 화면이 화면만을 의미할 때 그 화면은 그냥 구멍으로서 창窓일 수 있다는 의미이다. 더구나 그 화면은 대체로 편집된 것이다. 그래서 화면이 아닌 텍스트도 중요하다.

지금 우리는 보여 주고 싶어 안달이다. 보여 줄 수만 있으면, 속된 말로 별짓도 다 하겠다는 태세이다. 화면에 등장하는 횟수가 인기의 척도이고 그 빈도는 돈과 연관되어 있어서 많이 등장할수록 명성과 실력으로 포장된다.

화면에 나서려면 실력도 중요하지만 우선 포장을 잘해야 한다. 여느 상품처럼 말이다. 방송국이 그런 방향으로 몰아가고 있다. 그 이유는 시청자가 원한다는 것으로 치부한다. 단 한 번도 시청자가 무슨 정보를 원하는지 묻지도 않으면서 지레짐작으로 자극적이고 사적인 잡담을 좋아할 것이라 여기고 희희낙락하는 것에 더 많은 시간을 할애하고 있다. 여기를 틀어도 잡담이고 저기를 틀어도 희희낙락이다. 아무리 텔레비전이 고단한 일상에 웃음과 휴식을 준다지만 텔레비전을 보면 태평천하다. 대체 그 안에 무슨 걱정이 있겠는가?

뉴스도 그런 경향으로 아무런 의미 없이 시간만 채운다. 말랑말랑한 것에 대한 집착은 다른 말로 하면 언론학자 빌렘 플루서가 이야기한 '껍데기에 대한 칭찬을 구하는 것'이다.

한국 텔레비전 뉴스의 현실을 돌아보게 하는 순간이다. 그림이 우상시 되는 편집 분위기는 껍데기에 대한 칭찬으로, 규범을 넘어서서 정서에 반하는 화면이 넘쳐나고 고개를 갸우뚱하게 만드는 지경에 이르렀다. 뉴스 내용에 대한 토론이나 복기는 없고 드러나 보이는 것에만 시비가 난무할 뿐이다. 물론 텔레비전 뉴스에서 화면은 절대적이다. 화면이 권위이다. 중요한 사건이나 역사적 돌발 사건에서 화면이 주는 신뢰와 메시지는 이루 말할 수 없이 강렬하다. 그러나 일상의 뉴스를, 재미난 것을 쫓아가는, 화면의 논리에 집착하는 그 가벼움은 뭐라고 설명해야 하나? 그건 뉴스가 문이 아니라 그냥 구멍이 되는 것일 수 있다.

이런 개념을 독일 텔레비전 뉴스에 적용하면, 독일 뉴스는 탄탄한 텍스트의 벽으로 지원받는 창의 표준적 모양일지 모른다.

독일 텔레비전 뉴스 화면은 텍스트와 잘 연결된 하나의 문이다. 세상을 보는 창으로써 문이 된 것이다. 화면만 요란한 피상적인 껍데기는 아니다. 특히 ARD의 타게스샤우 뉴스 프로그램에서 우리는, 아주 철저하게 피상적인 것보다 본질에 다가서려는, 부화뇌동하지 않는 그들만의 일관된 뉴스양식을 발견한다. 그건 '껍데기에 대한 칭찬'이 아니라 '실질에 대한 칭찬'이다. 뉴스가 그래서 알차다. 볼 게 있다. 올바른 정보가 눈에 들어오게 된다.

뉴스를 본다는 건 그림만 본다는 것이 아니다. 뉴스의 경우 본다는 것을 통해 이해한다는 포괄된 개념이 포함되어 있다.

## ：뉴스 연성화와 골빈 사회

아침 방송사 간부회의는 시청률표를 들고 시작한다. 한국 텔레비전 방송사의 일반적인 아침 간부회의 모습이다. '껍데기에 대한 칭찬'이라는 근원적 배경도 시청률에서 비롯된 것이다. 그렇게 하면 시청률이 높아진다는 믿음에서다. 뉴스 연성화가 바로 여기서 비롯된 전략이다.

물론 뉴스를 쉽고 재미있게 전달한다는 취지로 수긍할 수 있다. 뉴스를 쉽게 전달하기 위해서 이른바 말랑한 뉴스를 선택해서 전달해야 하는 것은 논의의 범주를 벗어나는 것이다. 여기다가 뉴스를 마치 쇼처럼 재미있게 만들어야 한다는 주문이 곁들여진다.

시청률 경쟁은 뉴스 연성화를 더욱 부추긴다. 뉴스 책임자나 경영진이 아침회의에서 들고 있는 첫 번째 자료는 간밤의 시청률 자료이다. 그들은 시청률 자료를 보고 일희일비—喜—悲한다. 시청률이 광고시장에서 잣대 역할을 하기 때문이다.

광고로 돈을 버는 민영방송은 시청률에 목을 맬 수밖에 없다. 한국에서도 MBC나 KBS가 공영의 외형을 취하고 있으면서도 시청률에 안달하는 이유가 바로 광고문제와 연결되어 있기 때문이다.

독일의 경우도 민영방송의 급증으로 광고시장에서 경쟁이 심하고 시청률 경쟁도 치열하다. 시청률. 숫자로 표기된 성적표. 시청률은 사람들이 많이 본 프로그램이 '경쟁력 있다'는 것을 전제하고 있는 것이다. 경쟁력이 있다는 것은 시장에서 상품으로써 가치가 있다는 것이다.

광고주는 시청률의 숫자를 보면서 당연히 지불한 광고비로 몇 사람에게 노출할 수 있을까를 계산할 것이다. 그리고 민영방송 입장에서는 시청률 그래프를 통해 좀 더 높은 광고요금협상이 가능할 것이다. 전적으로 시장중심의 이야기이다.

시청률과 좋은 프로그램과의 상관관계는 여전히 논쟁 중이다. 분명한 것은 아무리 좋은 프로그램 제작진이라도 시청률이 너무 저조한 것에 대한 인내선의 한계가 있는 듯하다.

시청률이 프로그램 제작에 긴장감을 부여하는 것은 맞다. 시청률을 생각해 더 잘 만들려는 노력이 부어진다는 것은 좋은 일이다.

물론 시청률도 높고 좋은 평가도 받으면 좋지만 대개 그렇지 못하다. 이를테면 다큐멘터리를 제작·방영했는데 5%가 나왔다고 치자. 질 좋은 프로그램이라는 평가를 하는데 숫자를 제쳐놓고 진중한 눈으로 그 프로그램을 바라볼 수 있을까, 라는 대목에서 한국 텔레비전은 여전히 숫자가 왕이다. 낮은 시청률표를 들고 그래도 프로그램이 수작秀作이었다고 변론하는 대화가 옹색한 게 현업의 현실이다.

시청률이 높게 나오면 제작의 질적 수준 논의는 의미가 없어진다. 만사 오케이다.

이는 시청자가 평가했다는 뜻이기도 하다. 시청률에는 편성전략, 같은 시간대 경쟁사 대응 프로그램, 그날의 주요 이슈 등 여러 가지가 복합적으로 작용한다는 점이 전제되어도 그렇다. 무조건 높은 게 미덕이다. 최고다. 많이 보는 좋은 프로그램의 제작이 이상적이지만 그게 말처럼 쉬운 일이 아니다.

더욱이 프로그램 수가 채널 증가로 폭주하고 있다. '더 재미있게'가 넘치고 있다. 학자들은 다양한 프로그램이 제공될수록 뉴스를 안 본다고 말한다. 시청자들의 절반이 뉴스를 안 본다. 그러니 심층 분석이니 다큐멘터리니 하는 이런 장르가 시청자들을 붙잡기 더욱 힘들다.

뉴스채널도 다양하다. 과거에는 타게스샤우가 세대 간의 공통 화제나 이야깃거리가 되었으나 이제는 아니다. 연령별로 세대별로 즐겨보는 뉴스가 다르다.

각자 다른 뉴스를 본다. 뉴스원原이 다르다. 다른 만큼 세상을 보는 눈이나 인식도 달라진다. 미디어가 사회통합기능을 더 이상 하지 못하고 있다. 이미 미디어 성격에 따라 시청자들이 갈라져 있다. 미디어는 오히려 사회를, 세대를 갈라놓고 있다. 뉴스에 공동체 형성을 위한 공동의 전제가 없다.

잠시 한국의 현실을 보면 세대 간에 즐겨보는 매체가 확연히 다르다. 집안 거실에 옹기종기 모여 앉아 식구들이 밥을 같이 먹으며 텔레비전을 보는 풍경이 이제 소멸되어 가고 있다. 각자 자기만의 공간에서 뉴스 프로그램을 시청하고 있다. 1인 미디어에 대한 욕구는 폭발적이다. 넘친다.

민영방송 뉴스의 차별화 전략에는 젊은 시청자들을 겨냥한 전략이 포함되어 있다. 뉴스는 더욱 모던하게 포장되고 세트는 더욱 화려해지고 그래픽도 더욱 자주 이용된다. 뉴스 연성화는 이런 환경과 맞물려 있다. 소프트한 뉴스가 세대별 공격에 유리하다. 선정적이 된다. 폭력과 섹스는 제일 잘 먹히는 재료이다.

독일에는 빌트 차이퉁Bild Zeitung 원칙이라는 게 있다. 빌트 차이퉁은 독일에서 가장 많은 부수를 발행하는 가판신문이다. 본문 내용보다는 큼직한 제목을 앞에 걸고, 쉽고 간결한 연예, 스포츠, 스캔들 기사로 대중적 흥미를 최대한 야기시키는 신문이다. 대문짝만한 제목, 거부감 유발, 대중흥미를 밀고 당기면서 독자를 유인하는 전략이다.

소문에 선정성을 섞어 스캔들로 만든다. 이게 공식이다.

도이칠란트 라디오 사장을 역임했던 에른스트 엘리츠Ernst Elitz는 스캔들의 유통기간은 인쇄 미디어가 결정한다고 말한다. 텔레비전은 화면으로 선정성에 가담한다. 선정성은 종종 꽝으로 드러난다. 당사자들의 비난이 일지만 시청자들이나 유권자들은 그런 경과에 크게 개의치 않는다.

남의 일이기 때문이다. 그는 "공영채널은 이런 선정성을 뒤쫓아서는 안 된다."라고 말한다.

에른스트 엘리츠는 이렇게 규정한다.

"시청료는 단순히 재정수단 이상이다. 미디어 경쟁 정글에서 공영방송의 품질보증 권리금이다. 공영뉴스에서 특히 개인의 명예나 권리에 대한 보도가 좀 더 세심해져야 한다."

아무리 민영의 추격경쟁이 치열하다 해도 여전히 많은 수가 공영을 본다. 공영이 다수의 것이다. 그러기에 민영에 내준 영토를 찾기 위해 민영 방식을 쫓아가는 것은 공영의 바른 자세가 아니다. 공영은 많이 보는 만큼 다수의 공동체적 가치를 존중할 필요가 있다.

아니면 말고 식의 명예를 짓밟고 권리를 침해하는 뉴스에 명확한 척도를 제시해야 한다. 그렇게 보도를 해서 다들 너절해져가는 분위기에서도 굳건히 정도를 지키는 보루 역할을 해야 한다.

시청률은 경제적 성공을 위한 척도이다. 시청료로 만들어지는 프로그램의 척도는 공정성·이성·취향이어야 한다고 엘리츠는 말한다. 그는 "프로그램의 영향력은 통계적 방법으로만 재단될 수 없다. 공정한 방향 표시등이 없으면 사회는 침묵에 잠기고 골빈 사회가 될 것이다."라고 말한다.

단지 정치적 균형만이 지켜내야 할 덕목이 아니다. 선정성, 폭력성, 연성화의 홍수에서 바른 언어 사용의 사수까지 모두 공영이 해야 할 일이다.

나름의 잣대로 바른길을 이끌어야 한다. 그게 바로 수신료의 값이다. 시청자들은 시청률표를 내놓으라고 요구하지 않는다. 공영이 공영 본연의 임무를 잘하느냐를 시청자들은 묻고 있는 것이다.

그런 점에서 타게스샤우는 공동체와 함께하는 뉴스라고 말할 수 있다. 여전히 치열한 경쟁 정글에서 1등을 한다는 단순한 지표상의 결과만을 놓고 이야기하는 것이 아니라 뉴스를 취사선택하고 포장하고 전달하는 방식에서 선정성이나 눈길을 끄는 요소보다는 기존의 개념을 확고한 신념으로 지켜내는 것이 바로 그러한 점이다. 그 점이 타게스샤우의 미덕이자 공영뉴스로서 강점이다.

아무리 시장이 요동을 쳐도 타게스샤우는 섣부른 흉내나 모방으로 시류를 쫓아가는 것을 스스로 금기시하고 있다. 그러기에 60년 동안 그 모습 그대로이다.

1등을 하려고 변신을 거듭한 것이 아니라 영합하지 않고 확고한 원칙과 가치, 형식과 내용을 지키다 보니 여전히 1등이라는 이야기이다. 시청자 수를 제시하면서 1등이라고 이야기하는 것과는 내적 성격이 다른 것이다.

이것이 900만 시청자 수의 비결이자 신뢰의 비결이다.

# 3. ARD 뉴스의 이해

ARD 내에는 자체 제작이 없다. 뉴스도 자체 기자와 카메라맨을 두고 취재·제작해 내보내는 것이 아니라 각 지방사에서 올라온 것을 취합·편집해서 내보내는 것이다. 건물은 함부르크 지방사인 NDR 건물을 같이 사용하고 있다. 그 건물에는 앵커와 아나운서, 편집자들만이 근무하고 있다. 직접 제작을 하니 지방사의 권한이 크다. 이는 한국의 공영방송과는 다른 시스템이다.

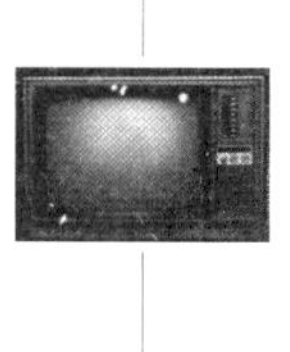

# 3. ARD 뉴스의 이해

ARD 뉴스를 정확하게 이해하기 위해서는 ARD의 구조적 성격을 파악하는 게 중요하다. 구조에서 비롯된 취약점이 있어 뉴스 취재·제작에 압력이 개입할 수 있는지 여부를 측정할 수도 있기 때문이다.

ARD 뉴스는 독특한 구조를 갖고 있다. 그 구조의 출발에는 역사적 의미가 담겨 있다.

독일은 2차 대전 후 패전하고 연합국의 지배 아래 놓이면서 자기 결정권을 상실했다. 방송 분야에서도 마찬가지이다. 연합국이 이때 구상한 것이 힘의 분산이다. 중앙집권의 뿌리를 잘라버리겠다는 것이다. 이러한 결정의 배경에는 히틀러 치하에서 국가 선전도구가 되어 버린, 중앙권력이 개입하는 방송체제를 절대 허가해서는 안 된다는 판단이 작용했다. 그래서 탄생한 것이 ARD이다.

ARD는 방송국 건물을 별도로 마련해서 설립하는 개념이 아니라 각 주에 있는 지역방송을 모태로 연합방송을 만든다는 개념이다. 중앙에서 기자나 프로듀서를 선발해서 운용하는 것이 아니라 각 지방에서 올라온 기사와 프로그램을 취합해서 별도 편성으로 방송을 낸다는 것이다.

ARD 내에는 자체 제작이 없다. 뉴스도 자체 기자와 카메라맨을 두고 취재·제작해 내보내는 것이 아니라 각 지방사에서 올라온 것을 취합·편집해서 내보내는 것이다.

건물은 함부르크 지방사인 NDR 건물을 같이 사용하고 있다. 그 건물에는 앵커와 아나운서, 편집자들만이 근무하고 있다. 직접 제작을 하니 지방사의 권한이 크다. 이는 한국의 공영방송과는 다른 시스템이다.


한국의 KBS, MBC 모두 지역 방송사를 거느리는 공영이지만 서울에 있는 본사 개념의 대형조직이 방송을 제작해 내보낸다. 지역은 기사가 있을 때 서울로 올려 보내 채택이 되면 뉴스에 한 꼭지 정도 나간다. 프로그램 방송도 지역 방송은 전국 편성이 아닌 시간에만 자체 제작 방송을 편성해 놓는다. 자연히 중앙중심이고 지역 자체 제작비율은 낮다. 중앙의 힘이 센 구조이다.

ARD의 공영구조는 이런 개념과는 역 개념의 구조라고 할 수 있다. ARD는 Arbeitgemeinschaft der oeffentlicen-rechrlichen des Bundesdeutschland의 준말로 이를 곰곰이 들여다보면 이 방송의 법적 구조 개념을 알 수 있다.

이것을 한 마디로 축약하면 공동체이다. 그리고 공동체이지만 법적 권리는 없는 회사라고 할 수 있다. 독특한 구조이다. 모든 방송이 지역방송이라는 전제를 두고 만들어지는 것이다.

이러한 분산 구조는 권력 집중을 방지하는 장치로써 도입되었지만 지방 권력의 강화, 즉 권력의 분산을 통한 지방자치의 발전을 가져왔다. 그래서 방송의 지방 분산과 지방자치가 맞물리는 개념으로 연계되어 있다.

지방에 질 높은 방송사가 운영된다는 것은 수준 높은 인력이 지방에서 일한다는 의미이다. 지방자치는 인력의 뒷받침 없이 예산만으로 발전되어 나가지 못한다.

이는 지방에서 토호들이 똬리를 틀고 다 해먹는다는 개념과 질적으로 다른 것이다. 지방도 하나의 독자적인 자치체제로서 각 분야가 유기적으로 상호견제·협력이라는 규칙이 작동한다는 것이다. 지방이 중앙에 비해 낮은 곳이 아니라는 개념이다.

지방방송은 수도권에서 기회가 없어 가는 곳이 아니다. 독일방송 기자들은 다 지역방송 기자들이다. 독일이 지역마다 고르게 발전되어 있고 그 질적 수준도 균질한 것은 이러한 배경이 있기에 가능한 것이다.

: 분산과 균형

지역방송은 제3채널이라고 부른다. ARD를 1채널, 그 뒤에 설립된 ZDF 는 2채널 그리고 지역방송은 3채널이라고 한다. 현재 8개의 지역채널이 있다.

주마다 채널이 있는 게 아니라 북부의 NDR 같은 경우 독일통일 후 동독지역의 일부를 흡수해서 시청지역을 넓혔다. 지역마다 지역적 특색이 다르고 정치적 성향도 다르지만 한 가지 공통점이 있다.

지역방송마다 방송위원회Rundfunkrat /Television council가 법적 기구로 설치되어 있다는 점이다. 이게 최고 의사결정기구이다. 분산의 원리는 여기서도 적용된다.

의사결정기구의 구성원을 보면 사회 각계각층이 망라되어 있다. 입김이 가장 센 주 정부뿐 아니라 의회, 종교계, 농민단체, 여성단체, 청소년, 공무원노조 등 거의 모든 사회세력이 구성원으로 참여하고 있다. 특정한 세력이나 이념이 독주하는 것을 방지하기 위해서이다. 소위 금권이나 여타의 형태로 매수도 불가능하다. 위원회의 의장이나 부의장을 맡는 것도 의장이 여당 편이면 부의장의 몫은 야당이 하는 식이다.

영국의 사학자 제그는 "독일의 공영은 진정한 공영이 아니라 사회 세력이 균형을 유지하기 위해 케이크 조각을 나눠 먹는 구조"라고 꼬집었다.

이 논지의 배경은 이렇게 방송에 사회 각계각층이 참여하다 보니 사회적 이슈가 있을 때나 뉴스에 인터뷰를 삽입할 때 어느 특정 정파의 것만 내보내서도 안 되고 모두 골고루 기회를 줘야 하며 지역에 소위 민원이 있으면 들어주어야 하는 배경에서 비롯되었다. 나눠먹기식의 구조라는 혹평이다.

그러나 이런 비례 대표적 구조 개념이 균형을 유지하는 도구가 되고 있다. 산술적 균형의 유지도 중요하다는 의미이다.

따지고 보면 제도를 운용하는 사람 자체의 본성이 균형적이지 않기에 그런 접근이 가장 현실적이고 솔직한 접근인지 모른다. 본사격인 ARD의 구조도 동일하다. ARD에도 방송위원회가 설치되어 있다.

ARD 뉴스에 정치, 지역뉴스가 많은 것도 여기서 유래한다고 볼 수 있다. 우리가 흔히 말하는 기계적 균형의 담보가 법적 장치로 마련되어있는 것이다.

여기서 우리가 유념해서 봐야 할 대목은 이러한 위원회 참여인원의 수이다. 우리도 KBS, MBC에 이사회나 방문진 같은 위원회가 구성되어 경영 · 감독을 하고 있지만, 구성인원이 소수이고 그 소수도 오로지 각 정파의 추천으로 이뤄지고 있다. 인원이 적다 보니 구성원의 의사 표현과 결정방향이 뻔한 경우도 많다.

MBC 방문진을 보면 9명으로 구성되어 있다. 그 인원이 투표로 사장을 선출하는데 여당 추천인원의 비율이 높다. 대통령 추천이 있기에 그렇다. 그러니 실질적인 투표라는 게 명목상의 의미 말고 더 이상의 의미가 있을 수 없다.

이런 구조 속에 정치적 연緣을 가진 사람이 능력이나 경륜, 비전과 관계없이 사장으로 선출될 수밖에 없는 구조적 한계를 내포하고 있다.

ZDF는 이사회 구성인원이 70명 넘고 ARD의 지방사도 30여 명이 넘는다. 물론 독일도 지역마다 정치적 전통과 지역기반 특색이 다르기에 어느 지역에서 특정 정당의 입김이 센 것이 사실이다.

이를테면 남부 바이에른은 기사당이 압도적이다. 기사당이 바이에른의 지역정당 성격을 띠고 있기에 그렇다. 기사당의 입김이 상당히 영향을 미치고 있다.

그러나 ARD 본사는 좀 상황이 다르다. 이른바 사장이란 개념은 없고 이사회 의장이 있는데 이는 각 지방사가 순번제로 돌아가면서 맡는다. 그러니 만약 북부 지역 쪽 방송사 가운데서 의장이 될 차례가 오면 현실적으로 그쪽에 영향력이 좀 더 작용할 수 있다. 그렇지만 전횡專橫이나 독주는 불가능하다. 특파원의 소속명도 ARD로 나가지만 사실상 소속은 지역방송이다.

이를테면 모스크바 특파원은 전통적으로 쾰른의 WDR에서 내보낸다. 전설적인 ARD 모스크바 특파원, 루게Ruge 기자의 원래 소속은 WDR이다.

그렇게 파견된 특파원은 WDR이자 ARD 특파원으로 활동하게 된다. 특파원 임명 시 특정인의 입김이 작용하지 않는다는 것이다.

이러한 분산과 균형의 원칙은 지난 60년간 변함없이 지속되고 있다. 이게 ARD의 독특한 구조이자 힘이다.

: 제3채널

독일에는 현재 2개의 공영채널이 있다. ARD와 ZDF이다. 두 채널은 시청료 수입을 주요 재원으로 삼고 있다. ARD는 지역방송사의 연합으로 탄생했고 ZDF는 각 주의 상호협약 속에 출범했다. 특정인이나 특정단체가 대주주가 아닌, 이른바 전국민적인 의사가 반영된 구조를 띠고 있는 것이다.

이는 우리의 KBS, MBC와 유사하다. 그러나 들여다보면 개념도 접근 방식도 운용도 차이가 있다.

독일 텔레비전도 경쟁이 치열하다. 민영방송 도입 이후 그 경쟁은 더욱 치열해졌다. 공·민영 간에도 그렇지만 공영 간에도 치열하다. ZDF의 타깃은 같은 공영방송인 ARD이다. 그렇지만 두 방송은 뉴스에서 몇 가지 차별성을 가지고 있다.

첫째, 공영 간에 뉴스 시간대가 겹치지 않는다. ARD 타게스샤우 메인 뉴스 시간이 저녁 8시인데 ZDF의 호이테Heute는 그보다 이른 7시에 온에어 된다. ARD의 밤 종합 매거진 뉴스인 타게스테멘Tagesthemen은 밤 10시 15분에 방송하고, ZDF 호이테 저널Heute Journal은 밤 9시 반에 들어간다. 시간이 안 겹치니 맞비교하면서 단순 평가하는 치졸함은 없다.

ZDF 보도국장을 역임했던 브레서가 ARD 타게스샤우 공략이 우리의 목표라고 말했을 정도로 선의의 경쟁이 치열하다.

뉴스 시간대도 다르지만, 뉴스 취사선택과 전달 포맷도 상당히 다르다. ARD가 전통양식을 그대로 고수하면서 다양성 없는 세트와 포맷으로 정치뉴스에 많은 시간을 할애하는 데 반해 ZDF는 좀 더 다양한 포맷으로 문화·스포츠기사도 비중 있게 다루는 차별전략을 취하고 있다.


둘째, 경쟁 속에 협력이랄까? 공영公營에서 공영共榮을 실현하고 있다. 우리는 이 두 공영사가 공영의 기본정신에 충실하기 위해 상호 협력하는 분야가 있다는 점을 눈여겨볼 필요가 있다.

두 방송사는 아침 뉴스를 같이 운영한다. 아침 6시부터 9시까지 아침 시간대에 한 주씩 교대로 뉴스를 제작·송출한다. 이번 주에 ARD가 순번이면 ARD에서 보여 주는 뉴스 및 이런저런 정보를 ZDF에서도 볼 수 있다.

그냥 받아서 내보내는 것이다. 이는 아주 특이한 공유다. 이렇게 하다 보니 불필요한 경쟁이 없다. 여기다 제작비를 절감하는 효과가 있어 시청료로 운영되는 두 공영사 입장에서는 서로 이득이다. 상호협조로 공영정신을 실천하면서 국민의 금쪽같은 시청료를 절약한다는 명분도 선다.

아침 뉴스가 끝나기 무섭게 연속극을 틀어 아침부터 불륜과 음모로 분칠한 드라마를 봐야 하고 재탕 뉴스를 긴 시간 봐야 하는 소모적 무한경쟁의 우리네 공영사와는 거리가 멀다.

두 방송사는 또한 어린이채널 KIKA를 공동으로 설립해 운영하고 있다. KIKA는 아이들 전용채널이다. 이 채널에는 광고가 없다. 몇몇 연예인들이 나와 시도 때도 없이 잡담하는 것을 예능이니 오락이니 포장해 아이들 대상의 눈요깃거리로 삼는 상술적 공영의 자세와는 다른 측면이다.

독일 공영방송은 시청료도 받지만, 광고도 한다. 광고는 저녁 6시부터 8시까지만 허용된다. 이 수입으로 예산의 일정 부분을 충당하는데 공영방송이 개별적으로 기업으로부터 협찬받는 것을 엄하게 제한하고 있다. 독일 공영방송 편성을 보면 정보 프로그램이 45퍼센트 가량 된다. 문화와 다큐멘터리 부문에도 좋은 프로그램이 많다.

마지막으로 협력의 예를 한 가지 더 보면 다큐멘터리 채널의 공동 운영이 있다.

실제 독일 공영 텔레비전은 좋은 다큐멘터리를 많이 내보낸다. 그것도 모자라서 피닉스라는 채널을 운영하고 있다. 다큐멘터리 전문채널이다. 독일 출장길에 호텔방에 앉아 무료한 막간에 리모컨을 돌리다가 좋은 다큐멘터리를 봤던 기억이 난다. 다큐멘터리는 두 방송사가 자체 제작한다. 국외 명작 다큐멘터리도 24시간 내내 볼 수 있다.

그 어느 분야보다 독점권을 확보하려는 경쟁이 치열한 스포츠 중계 분야에서도 협력을 한다.

이를테면 2011년 대구에서 개최된 세계 육상 선수권대회 중계를 MBC
와 KBS가 공동 중계하기로 합의하는 식이다.

이 정도 되었을 때 시청자들을 향해 우는소리도 하고 시청료 문제에
대한 언급도 좀 해야 체면이 설 것 아닌가? 공영정신이란 나누는 정신이
라는 것을 한국 공영방송사 경영진들은 유념해야 할 것이다.


분산과 균형 속에 협력.

이게 독일 공영채널의 운용 철학이다. 이를 통해 정치, 사회 경쟁세력
간에 미묘한 균형점을 찾는 것을 텔레비전이 중재하고 있다.

독일 방송가는 어느 한 세력이 장악하고 횡포를 부리는 것을 용납하
지 않고 있다. 이는 암묵적 합의고 히틀러시대의 잔학함에서 배운 교훈
이다. 그들은 프로파간다propaganda의 공포와 그 폐해를 모두 인식하고
있다. 그러므로 승자독식이 불가능한 구조로 만들어져 있고 제도적으로
구성된 위원회가 감시견 역할을 충실히 하고 있다. 여기서 균형 보도도
나온다.

독일 사회의 균형, 조화의 비밀이 바로 여기 있다.

: 공영이라는 것

옛말에 공사公私 간의 칸막이가 추상같이 엄하고 분별이 있는 것을 선비정신이라 했다.

중국의 원황이라는 사람이 쓴『요범사훈了凡四訓』에서는 공公에 대해 이렇게 규정한다.

"남에게 이득이 되게 하는 것이 공이다. 아무리 남에게 잘했다 해도 나에게 이득이 되면 그건 공이 아니다."

그렇다면 공영방송에서 공적이라는 의미는 무엇일까? 일단 재정적인 측면에서 공영방송은 시청료로 운영되니 국민 세금으로 운영되는 것이나 마찬가지이다. 그러니 통제와 견제·감사를 받는 것은 마땅하다. 그러나 실질적인 의미에서 공적이라는 의미는 그것보다는 가치와 목표지향에서 찾아야 하지 않을까 한다. 형식은 공적이지만 추구는 사적이면 그건 공公이 아니라 사詐일 수 있다.

독일 공영방송은 특정 권력의 자의적 남용을 막으려고 출발한 것이기에 독일 사회에서 공적이라는 것의 의미는 남다르다.

이를테면 이런 소책자가 있다. 독일명을 그대로 쓰면『Taschenbuch des offentlichen Lebens』, 번역하면『공적 생활 핸드북』이다. 전화번호부인데 이 책을 들여다보면 대략 독일의 공적 영역이 짐작이 간다. 체신부에서 나오는 전화번호부는 봤지만 이렇게 출판사에서 나오는 전화번호부는 이례적이다.

이 책의 첫머리에 나오는 전화번호는 독일 대통령 집무실 번호이다. 이어 총리실, 공보처장관, 외무장관 순으로 번호가 나온다. 검찰, 주지사 번호도 나온다. 쉽게 말해서 대통령이 공적 자리이니 그 사람의 집무실 전화번호는 비밀이 아니라 공적 공개대상에 포함된다는 것이다.

한가락 한다는 인사들 번호가 다 나온다. 맨 마지막을 보니 저명한 인사들의 번호도 있다. 나라 녹을 안 먹어도 저명하면 공적 공개대상이구나 하는 생각도 해본다.

우리가 청와대 대통령 집무실 전화번호를 평범한 시민의 자격으로 알 수 있을까? 나의 과문 탓인지는 모르겠으나 대통령 집무실 전화번호가 전화번호부에 나오는가? 그걸 알면 대단한 실력자나 능력자로 대접받는 풍토 아닌가?

공적이라는 것은 공개성에서 출발한다. 비밀주의와 이중 잣대는 공영의 저울이 아니다. 투명해야 한다. 예산의 집행이 투명함은 물론 사람의 임명과 이동이 투명해야 한다. 그래야 공정할 수 있고 그게 공영의 전제조건이다.

ARD 홈페이지를 보면 내부 정보를 훤히 알 수 있다. 웬만한 것은 고위층이나 대변인에게 물을 필요도 없이 자세히 나와 있다. 프로그램 안내

뿐 아니라 회사 내부 사정이 투명하게 공개되어 있다.

2011년 4월 6일 자 보도 자료에는 이런 내용도 올라와 있다. 4월 4일, 5일 양일간 ARD 지방 사장들이 모여 현안 협의를 했는데 현재 ARD 보도국장 두 명의 임기를 2015년까지 보장하기로 합의했다는 것이다. 그 이유는 "지금 승리하고 있는 팀을 교체해서는 안 된다."라는 것이다.

굵직한 뉴스였던 일본 지진과 리비아 사태 보도가 아주 좋았다는 평가도 있다. 특히 부동의 1등 뉴스인 타게스샤우가 경쟁사인 ZDF는 물론 민영 RTL 뉴스보다 계속 우위를 선점해 경쟁력 우위에 높은 점수를 주었다.

뉴스 시청률도 높고 반응도 좋기에 이들 두 명의 보도국장 임기를 보장한다는 것인데, 우리가 주목해야 할 것은 그들의 임기연장 그 자체가 아니라 이렇게 공적인 자리에서 임면任免의 문제를 토론하고 공개적으로 알린다는 점이다.

이게 공적이다. 무슨 내부의 사조직이 움직이고 외부 정치권이 들이대면서 누굴 밀고 누굴 심어야 하는가 하는 줄과 끈에 관한 음모만이 판치는 우리의 임명과는 너무도 판이하다.

독일에서 공영방송이라는 것의 구조적인 측면과 내면은 일반인이 봐도 쉽게 이해가 된다. 도무지 그 동네에서 벌어지는 일이 이해가 되지도 않는데 겉으로만 공영이라고 나발을 분다면 신뢰를 얻을 수 있을까?

뉴스는 결정과 신뢰 모두가 같이 굴러가는 구조이다. 원래 하나가 제대로 굴러가면 다른 것도 같은 원리로 굴러가는 법이다.

지금 한국의 공영이 뭔가 잘못 가고 있다면 애초의 첫 바퀴가 잘못 굴러갔기 때문이리라.

공公의 영역에 사私를 놓고 잔머리가 횡행하니 그게 공의 대접을 받는다면 정상이 아니지 않은가. 남을 비판할 때는 그러면 되겠느냐고 아주 근엄하게 말하면서 공公을 편의적으로 사용하고 자신들의 일에는 온갖 음모를 품고 자의적으로 진행해버리는 것이 진정한 공영인가? 그러면 방송이 가증스럽고 비겁하고 믿음이 안 가게 되는 것이리라.

공적인 모습을 한 공영이라는 것은 소통이 제 영역에서 명료하고 투명하게 이루어질 때 그 의미와 제 얼굴을 인정받는다. 바로 ARD처럼 말이다.

: 지역방송의 구조

ARD의 정확한 이해를 위해서는 지역방송을 이해할 필요가 있다. ARD는 상향식 구조로 되어 있다. 위에서 내려보내는 구조가 아니라 아래에서 위로 올려보내는 구조이다. 서울에서 지방에 기사를 보내달라고 하는 게 아니라 지방의 기사를 모아서 전체 틀을 잡아 편집을 한다. 지역방송이란 수도가 아닌 공간에 있다는 물리적 관점에서만 지역방송일 뿐 독립적인 개체로 존재한다. 취재, 제작, 편집, 예산, 인사, 운용 등이 모두 그렇다.

지역방송 자체가 ARD의 작은 모델이다. 이미 지역방송에서 연합체의 몸체랄 수 있는 방식은 다 갖추고 운용하고 있다. 따라서 ARD의 방식은 지역방식의 연장이라고 보면 된다.

독일은 방송법이 주마다 주 헌법으로 규정되어 있다. 각 지역방송법이 주 정부의 정책에 따라 조금씩 다르지만, 기본 철학은 비슷하다. 방송위원회Rundfunkrat라는 기구가 방송의 관리 감독을 다 맡고 있다는 점이다. 방송사 간부를 다 이러한 공식기구를 통해 임명한다.

특정인이 사장이 되면 친소관계로 모두 한 자리씩 나눠 가지는 마치 정당구조 같은 운영 시스템과는 다르다. ARD 소속 모든 지역사는 방송위원회를 두고 있다. 이 역시 특정 세력이나 특정인이 방송을 사유화하거나 독점화하는 중앙집권화를 방지하기 위한 장치이다.

바이에른 방송을 한번 보자. 바이에른은 남부의 핵심 주로서 인구는 1천만 명에 육박한다. 정치적으로는 보수우파인 기독교 사회당CSU의 본거지이다. 전후부터 지금까지 다수당으로 주 정부와 주 의회를 장악하고 있다.

기사당 독재獨裁라고 말이 나올 정도이다. 철저하게 지역당이다. 바이에른에서만 주 정부나 주 의회에 참여하고 다른 지역에는 세력이 없다. 지역표로 존립하는 정당이다. 지역색으로 따지면 우리나라 경상도 전라도 저리 가라 할 정도로 색채가 강하다. 그렇게 지역의 한계를 못 벗어나고 있지만, 기민당의 연정聯政에 참여해 연방정부 살림에 관여하고 있다. 지역 정당이지만 정책은 전국정당의 기치旗幟를 내걸고 있고 책임도 다하고 있다.

수상 후보를 낼 정도로 연정에서 정치적 기회를 잘 활용하고 있다. 연정은 나름의 장점이 있다. 일 당이 독식하는 구조적 단점을 극복하고 더불어 하는 풍토에도 이바지할 수 있다.

지역에 근거를 둔 정당은 연정에 참여하는 것 말고 국정에 참여할 기회가 없다. 한국에서 충청도를 기반으로 하는 선진당은 이점을 잘 살펴볼 필요가 있다. 기존 방식으로는 국회의원 몇 명 내는 정당으로 존립할지 몰라도 국정 참여는 요원한 이야기이다. 자기 동네 이익에만 골몰하는 꼴로 전락할 수 있다.

메르켈Angela Merkel이 바이에른 주지사인 에드문트 스토이버Edmund Stoiber와 총리 후보 자리를 놓고 경쟁하다가 진 적도 있다. 물론 스토이버는 사민당의 쉬뢰더Gerhard Schroeder에게 패배했었다. 이 정도 정치적 성향이면 바이에른의 모든 의사결정은 기사당이 좌지우지한다고 할 수 있다.

그러나 바이에른 방송의 위원회 구성을 보면 그렇지 않다. 모두 47명의 위원으로 구성되어 있는데 주 정부에서 1명, 기사당에서 7명, 사민당은 야당에서 5명, 그리고 나머지는 종교계, 노조, 스포츠단체, 여성단체, 농민단체, 자연보호협회 등 사회단체에서 참여하고 있다.

직업분포도 교수, 박사, 목사, 시민운동가, 농부, 스포츠맨, 기자, 연주자 등 그야말로 다양하다. 전체 구성인원 가운데 3분의 2는 특정 정당과 연관이 없다.

인원이 많다 보니 특정후보자가 로비나 압력을 통해 선출을 도모하는 정치력을 발휘할 수 있는 여지도 별로 없다.

가장 핵심은 인텐단트라는 사장 임명 권한이다. 바이에른 방송위원회 베른트 렌체 위원장은 2010년 4월 15일 자 홈페이지에 보도 자료를 하나 올렸다. 그 내용은 "바이에른 방송위원회 구성인원의 3분의 2가 어느 정파나 정당과 무관한 독립적인 개인인데 작금의 차기 사장 임명과 관련해 주 의회에서 말이 나오고 어느 당이 누구를 사장으로 제안했다는 등의 말이 있는데, 위원장으로서 유감으로 생각한다. 사장 제청권은 위원

회에 있다. 위원들은 어느 단체나 특정 정파의 대표가 아니라 전체의 대
표이다."라는 내용이다.

이는 사장 임명을 둘러싼 정파 간의 음모를 암시하는 내용이다. 독일
이라고 해서 왜 서로 자기 사람을 심으려는 정치적인 밀고 당김이 없겠
는가.

위의 내용은 그런 현실에 쐐기를 박고 방송위원회의 권위와 독립성에
대해 재차 확인하려는 메시지이다.

독일 지방방송의 사장은 연임할 수 있고 임기가 5년인데 총 9년을 재
임할 수 있도록 되어 있다.

그해 5월 연방정부 대변인 출신이 사장으로 선출되었다. 물론 그는 바
이에른 정부에서 근무한 경력이 있는 친親기사당 편이다. 바이에른의 한
계를 못 벗어나는 임명이라고 할 수 있지만 그래도 중앙에서 낙하산 인
사로 임명된 경우가 아니라 지역출신이 선출된 경우이다.


이번에는 정치적 성향이 다른 북쪽 노르트라인베스트팔렌의 WDR을
한번 보자. 방송위원이 50명인데 그 가운데 정당에서 파견된 인원은 14
명이다. 나머지는 교회, 중소기업, 유대인 단체, 공무원 노조 등 각계각층
의 사람들로 구성되어 있다.

현 사장은 2007년에 선출된 모니카 필. 그녀는 올해부터 ARD 순번 의
장직도 맡고 있다. WDR 여기자 출신으로 지금도 사장을 하면서 자회사

인 피닉스채널의 <차이트초이겐Zeitzeugen>이란 프로그램을 진행하고 있다. 우리식으로 하면 내부 발탁이다. 그렇다고 지역방송 사장에 반드시 자사 출신만이 발탁되는 것은 아니다.

프랑크푸르트에 소재하고 있는 헤센Hessen 방송은 사장을 경쟁사인 ZDF 출신을 중에서 뽑았다. 두 번째 임기 중인 헬무트 라이체 사장은 ZDF 워싱턴 특파원과 저녁 종합뉴스인 호이테저널 앵커를 역임한 타사 출신이다. 물론 그의 고향은 헤센 주이다. 타사에서 근무했지만, 자기고향에서 경쟁사의 사장으로 산출된 셈이다.

하나 더 과거 동독지역의 방송인 MDR을 보자. MDR은 과거 동독의 작센, 작센 안할트, 튜링겐 등 3개 주를 묶어서 91년 설립한 방송이다. 통일 이후 구 동독방송체제를 해체하고 설립되어 ARD의 일원이 된 방송이다.

메인 스튜디오는 동독 민중혁명의 불길이 맨 먼저 타올랐던 라이프치히에 있다. 라이프치히는 인구 9백만 명을 아우르는 동독의 핵심지역이다. 올해로 20년째 사장을 하는 우도 라이츠는 바이에른 방송 출신이다. 그는 6년 임기의 사장을 4번째 재임 중이다. 지역방송마다 임기도 다르다.

그는 43명으로 구성된 방송위원회에서 선출되었다. MDR 방송위원회 현 위원장은 개신교 목사이고 부원장은 가톨릭 신부이다. 주 의회뿐 아니라 방송위원회도 각계각층의 남녀로 혼합 구성되어 있다.

3개 주를 묶어서 설립한 방송이니 3개 주에서 균등하게 위원을 파견하고 있다. 방송위원장도 한 사람이 6년을 다하는 것이 아니라 3개 주이니 2년씩 교대로 맡는다. 이렇게 지역도 3개 지역이고 정당도 서너 개로 구성되어 있으니 투표를 하면 정파별 지역별로 나뉠 것으로 보이지만, 현 우도 사장의 4번째 연임 투표를 했던 지난 2008년에는, 거의 90퍼센트의 압도적 지지가 있었다. 그러니 정파가 투표에 크게 영향을 미쳤다고 보기 어렵다. 뻔한 투표를 하지 않았다는 의미이다.

사회적 세력의 힘의 균형을 존중하는 기본원리는 여기에서도 마찬가지이다. 투표는 각자의 몫이다. 방송의 독립성이 보장된다.

여기서 지역방송의 구조를 주목해 보면 3개 주가 연합해서 하나의 방송을 독립적으로 운영하고 있다는 걸 알 수 있다. 우리식으로 하면 주마다 독자적인 방송을 하나 정도 설립하는 것이 기본적인 발상이었을 텐데, 3개 지역을 하나로 묶는 공영 방식을 채택한 것이다. 우리 공영방송이 앞으로 통폐합을 추구하고자 할 때 좀 더 세밀하게 들여다봐야 할 대목이다.

MDR은 통일 이후 신생된 방송이지만 3개 주가 연합하고 있기에 인력이나 예산이 시골방송 수준이나 규모가 아닌 웬만한 본사 규모에 버금간다. 2010년 밴쿠버 동계올림픽 ARD 중계의 주간방송을 맡을 정도로 역량이 있는 방송사이다.

우리나라의 부산이나 대구방송이 이런 국제행사를 독자적으로 핸들링 할 수 있는 역량을 갖추고 있는가.

다시 방송위원 이야기로 돌아와서 이런 각계각층 다수의 위원 구성은 결과가 뻔한 임명방식의 위원회가 아니라는 방증이다. 지역방송사마다 숫자는 다르지만 거의 수십 명의 인원으로 방송위원회를 구성하므로 특정인의 입김이나 특정세력의 농간이 사실상 불가능하다.

이렇게 중앙에서 내려보내는 식이 아니고 독자적인 선출을 하다 보니 운영도 독자적이고 의사결정도 독자적이다. 지역사회에서 각계각층이 두루 의사를 대변해주기에 사회적 균형의 원리도 작용하고 있다. 최소한 기계적 균등은 지킨다. 유독 평등주의 사고가 강한 우리에게도 눈여겨볼 운영시스템이다.

ARD의 지역방송은 법적으로 실제 경영에서 별개이고 독립적이다. 우리나라의 운영방식과는 질적으로 다르다. 한국의 KBS나 MBC처럼 서울에 보직이 없으면 내려보내는 방식이 아니다.

독일 지방사의 본질적인 측면을 볼 수 있는 대목이다. 신문에서 방송으로, 프리에서 방송으로, 정부에 있다가 방송으로 등 독일에서는 방송인력 이동에 유연성이 있다. 즉 재벌이 자회사를 거느리는 듯한 구조가 아니라는 것이다.

이런 구조로 되어 있음에도 불구하고 요즘 독일 사회 내에서는 방송위원회 구성에서 정당 천거인원을 줄여야 한다는 목소리가 커지고 있다. 정치 쪽은 아예 손을 떼야 한다, 는 극단적인 주장도 나오고 있다. 지역방송이 지역정가政街에서 자기 정당에 유리하도록 자기 사람을 심으려는 정실情實 때문이다. 어딜 가나 정치인들이 골칫거리이다.

: 다이애나비의 악몽

영국의 다이애나 왕비가 함부르크 타게스샤우 스튜디오를 방문했다. 방송국의 경사였다.

그도 그럴 것이 다이애나처럼 언론의 주목을 받으면서 카메라 세례를 받은 인물도 드물다. 그녀가 움직인다는 자체가 기사였다. 그녀는 모든 이들의 여왕이자 미디어의 여신이었다. 그녀가 1987년 11월 당시 남편인 윌리엄스와 함께 타게스샤우 스튜디오를 방문해 다그마 아나운서, 프리드리히스 타게스테멘 앵커와 찍은 사진은 아주 인상적이다. 다그마가 기사 읽는 흉내를 두 사람이 지켜보면서 아주 흥미 있어 하는 모습이다.

그로부터 10년 뒤 다이애나가 한밤에 사망했다. 파리의 지하차도에서 자동차 사고로 죽은 것이다.

그런데 타게스샤우 스튜디오는 이 같은 엄청난 뉴스에 전혀 미동도 하지 않았다. 스튜디오에 갈 사람조차 없었다. 전날 베를린에서 국제방송박람회가 열렸는데 모두 다 거기에 가 버리고 남은 사람이 없었던 것이다. 타게스샤우의 제작진 4분의 3이 베를린으로 가고 일부만 남아 있었다. 파리 특파원도 런던 특파원도 임지인 현장에 있지 않고 모두 베를린에 가 있었다. 급하게 외부인력을 긴급 투입해 뉴스를 커버했지만 만족스럽지 못했다.

당시 카메라 감독이었던 뮌초우는 당시에 정말 속이 타서 미칠 지경이었다면서 우리 모두 사색이 됐었다고 회고한다. 당시 타게스샤우 편집국장이었던 데펜도르프 역시 "다이애나의 죽음 뉴스는 타게스샤우에 재앙"이었다고 회고한다.

타게스샤우는 이 일을 겪은 후부터 뉴스 처리에 공백이 발생하지 않게 철저한 교대 근무제를 도입했다고 하니 큰 교훈을 얻었다 하겠다.

자신들의 일터를 직접 방문한 적이 있는 기억이 생생한 유명인사가, 그것도 세기의 연인이었던 다이애나가 급서急逝했다는 소식을 긴급뉴스로 내보내지 못했으니 그 심정이 오죽했겠는가.

: 1등 뉴스의 비결

타게스샤우는 전통과 명성에 걸맞은 어떤 전략을 갖고 시장에서 임하고 있을까. 시장에서 선두를 지키는 전략상 노하우와 비밀은 무엇일까.

먼저 피상적으로 화면을 통해서 드러난 노하우는 발견하기 어렵다. 타게스샤우의 화면은 그냥 단조로운 모노톤의 화면이니 별로 색다르게 보일 턱이 없다.

그걸 노하우로 인정하기에는 보편성이 떨어져 보인다. 그러나 기실 다른 측면에서 보자면 그렇게 표피적으로 드러나지 않은 것이 바로 보이지 않는 힘이자 경쟁력이리라.

보편성이 떨어져 보이는 이유 중 다른 한 가지는, 우리가 경쟁력 하면 드러난 것만 갖고 평가하려는 습성에 길들여진 탓일 것이다. 경쟁력을 추구한다고 하면 뭘 티 나게 외형적인 변화를 시도하는 것에 익숙해진 사고에서 그런 관점이 생겨났을 것이라는 추측이다.

왜 1등인가. 60년을 한결같이 이어가고 있으니, 공영방송 독과점 시장일 때뿐 아니라 민영방송·상업뉴스가 등장한 이후에도 우위를 유지하고 있으니 연구대상이다. 어쩌다 한번 하는 1등이 아니라 진짜 실력에서 나온 1등이라고 단정해도 좋으리라. 독일 뉴스프로그램 중에서 최고의 시청자 수를 자랑하니 말이다.

말 그대로 국민의 뉴스이다. 타게스샤우는 독일인들의 일상에서 빼놓을 수 없는 하나의 생활 리듬이 되었다. 습관이라 해도 좋고 타성이라 해도 무방하다. 무슨 광고에 나오는 표현처럼 집에 들어오면 친구가 되는 것이 바로 타게스샤우 뉴스이다.

'독일인들의 밤 시간은 타게스샤우 뉴스시간인 밤 8시 전과 후로 나뉜다'는 저잣거리의 이야기가 그냥 나온 소리가 아니다. 타게스샤우는 독일인들이 세상을 보는 하나의 가늠자가 되었다.


1등의 원동력을 파헤치려면 1등 하는 사람들을 직접 만나보고 이야기도 듣고 눈으로 직접 관찰하는 것이 최상이겠지만 현실적으로 그렇지 못한 점을 독자들에게 양해를 구하고 이야기를 펼쳐야 할 것 같다.

재정적 여유가 있다면 함부르크 ARD 타게스샤우로 날아가 참여관찰을 통해 좀 더 속속들이 들여다보고 경쟁력의 원천이 이런 거다, 라고 상차림처럼 내놓고 싶은 마음이 굴뚝같으나 그렇지 못한 점이 현실이기에 다른 궁리를 하는 수밖에 없는 노릇이다. 아쉽지만 대안이 없다. 이해하시라.

그런 대안을 궁리하다가 남의 연구 성과를 발판삼아 들여다보는 것도 방법이라는 생각에 랄프 바르텔의 책을 참고삼아 길을 나서 본다. 그의 책은 출간 연도가 오래되긴 했지만 타게스샤우의 경쟁전략이 바뀌지 않았기에 그대로 인용하면서 풀어가도 무방하리라 본다.

거기다가 인터넷 홈페이지의 타게스샤우 뉴스를 직접 모니터하고 그간 독일 체류 시나 왕래 시 시청기를 보태는 걸로 글의 골격을 잡아볼까 한다.

바르텔의 책은 1997년에 출간되었다. 그가 박사학위논문으로 쓴「독일 텔레비전 뉴스경쟁력」을 보완해서 책으로 낸 것이다.

그는 이 책에서 독일 텔레비전의 뉴스경쟁력에 관해 다뤘다. 공영과 민영 텔레비전을 모두 비교해서 다뤘다. ARD, ZDF, SAT1, RTLplus, Tele5 그리고 PRO7 등 6개 채널의 뉴스경쟁전략을 연구하기 위해 방송사 내부 경영진과 편집진을 심층 인터뷰하는 방식으로 작업을 했다.

이 당시가 독일 텔레비전 뉴스시장에서 경쟁이 최고조로 달했던 시점이다. 공영과 민영의 경쟁력을 비교하는 것은 종편 출범으로 뉴스시장이 새로운 경쟁시대에 접어드는 한국 텔레비전 뉴스계에 매우 의미 있는 참고가 될 것이다.

: 독일 텔레비전 뉴스 약사略史

독일 텔레비전 뉴스는 공·민영 이원체제이다. 1980년대 중반까지만 해도 독일 텔레비전 뉴스는 공영채널 뉴스가 전부였다. 즉 ARD와 ZDF 두 채널이 독과점을 하고 있었다. 20년 전까지 한국의 KBS, MBC가 독과점을 유지하다가 SBS가 출범한 것과 유사하다. 그러다 80년대 중반, 기업에 민영채널 허가가 허용되면서 다채로운 뉴스시장이 형성되기 시작했다.

먼저 1984년, SAT1와 RTLplus가 민영방송을 시작했다. 이어 1988~1989년에 Tele5와 PRO7이 방송을 시작했고 91년에는 Pay-TV가 출범하면서 5개의 신규채널이 시장에 등장했다.

92년에는 뉴스전문채널 n-TV가, 93년에는 정보채널 VOX, 그리고 스포츠 전문채널 DSF가 방송을 시작했다. 1992년에는 ARD와 ZDF가 프랑스 방송사와의 합작으로 문화채널 Arte를 탄생시켰고 이어서 음악, 어린이 등 각종 채널이 시장에 입성하기 시작했다. 이른바 텔레비전 무한경쟁의 시대로 접어든 것이다.

한정된 시장을 놓고 치열한 경쟁이 전개되었다. 그것은 당연한 시장원리였다. 각 방송사가 시장에서 먹을 수 있는 파이는 한정되어있고 시청자들은 한 채널에 오래 머물지 않았다.

기업이라고 늘 여유가 있지는 않았기에 텔레비전 시장에 내놓을 수 있는 광고 액수가 한정되어 있었다. 오락이든 스포츠든 교양이든 뉴스든 모든 프로그램에서 경쟁이 불붙었다.

특히 뉴스영역의 전쟁은 아주 공격적이고 치열했다. 일단 외부적으로 보이는 것은 광고였기 때문에 당시 각종 잡지에 신생 채널의 뉴스를 광고하는 문구가 도배되었다. PRO7의 '15분 뒤면 전 세계를 한 바퀴', SAT1의 '뜨거운 공기 대신 뜨거운 뉴스로' 등은 많은 사람들의 뇌리에 남아있는 당시의 전략 카피다.

시청료 수입으로 운영하는 공영뉴스를 따라잡기 위해 미디어 재벌이 운영하는 민영채널의 물량공세는 만만치 않았다.

다음 장에서는 이런 전쟁 같은 뉴스시장에서도 여전히 부동의 1위를 지키고 있는 타게스샤우의 전략을 살펴보자. 이 전략은 앞서 언급한 것처럼 바르텔이 학위논문에 적은 내용을 축약·정리한 것이다.

# 4. 최근 독일 텔레비전 뉴스 경쟁력 동향

타게스샤우는 2011년 1월부터 9월까지 집계한 평균 시청자 수에서 일일 9백만 명이라는 시청자 수를 기록해서 1위를 고수했다.

# **4.** 최근 독일 텔레비전 뉴스 경쟁력 동향

독일 텔레비전 뉴스가 '벌거벗은 생존 경쟁'을 한 것은 이미 오래전부터다. 민영 텔레비전의 등장으로 경쟁은 더욱 치열해졌는데 20년이 지난 지금은 양상이 많이 변했다.

공영방송의 독주체제는 무너졌고 민영의 약진이 두드러진다. 그런 와중에 1등 공영방송인 ARD 타게스샤우 뉴스의 수성이 관심을 끈다.

2011년 11월 GfK 텔레비전연구소가 조사한 바에 따르면 독일 텔레비전 뉴스에서 가장 경쟁이 치열한 저녁 7~8시 사이의 메인뉴스 시청률을 한 마디로 축약하면 '민영방송 RTL aktuell의 약진과 타게스샤우의 수성'이다.

타게스샤우는 2011년 1월부터 9월까지 집계한 평균 시청자 수에서 일일 9백만 명이라는 시청자 수를 기록해서 1위를 고수했다.

2위는 민영 RTL aktuell로 3백8십6만 명, 3위는 제2공영 호이테가 3백6십9만 명을 기록했고, 4위는 민영 SAT1로 1백9십3만 명을 기록했다. 특히 타게스샤우는 14세에서 49세 사이의 젊은 층에서도 최고의 시청자

수를 확보해서 총 1백48만 명의 젊은 시청자들이 본 것으로 확인됐다.

그 뒤를 RTL이 이었다. 젊은 뉴스를 표방하고 화려한 포맷으로 추격하는 RTL은 여전히, 타게스샤우를 젊은 시청자 시청률에서도 앞서지 못하는 것으로 나타났다.

통상 공영 텔레비전하면 나이 든 사람들이 주로 시청하는 채널이라는 우리식 고정관념을 넘어서는 결과이다. 이는 타게스샤우가 전 국민으로부터 고른 시청자층을 확보하고 있다는 증거이며 국민들의 의사를 두루 반영하는 '국민 채널'의 면모를 갖고 있다는 방증이기도 하다.

전통 콘셉트 고수를 수성전략으로 내세우는 타게스샤우를 화려하고 모던한 포맷으로 추격하는 민영 텔레비전은, 나름의 차별화 전략으로 민영 도입 20여 년이 지난 지금 어느 정도 일정 시장을 확보했다.

제2공영인 ZDF 호이테뉴스의 침체는 어정쩡한 전략이 갖는 한계로 해석할 수도 있다.

# 5. 타게스샤우 경쟁전략

타게스샤우의 전략은 수성전략으로 언뜻 읽힌다. 유지한다는 데 방점이 있다. 1등을 하고 있으니 그대로 유지만 잘하면 된다는 식의 전략으로도 비쳐진다.

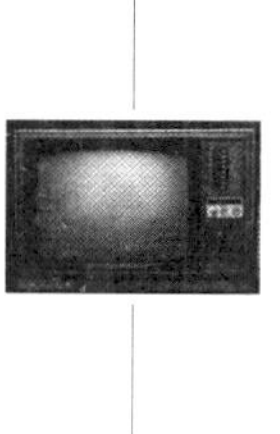

# 5. 타게스샤우 경쟁전략

## : 경영진의 전략


▶ 기본개념

···→ 전통적이고 성공적인 콘셉트 유지

···→ 정보채널 ARD의 이미지를 돋보이게 하는 뉴스테마

···→ 저녁 8시에 방송

···→ 저널리스트적 관점에서 중요하게 느껴지는 그날 주요 뉴스를 포괄적으로 전달


▶ 전달형식

···→ 저녁 8시 메인뉴스

···→ 자체 아나운서의 중립적이고 콤팩트한 뉴스표현과 기자적 능력

···→ 24시간 기사제공

···→ 기자의 높은 수준 유지(속보의 소화 능력이나 뉴스 비즈니스 측면에서)

타게스샤우의 전략은 수성전략으로 언뜻 읽힌다. 유지한다는 데 방점이 있다. 1등을 하고 있으니 그대로 유지만 잘하면 된다는 식의 전략으로도 비쳐진다. '전통적이고 성공적인 콘셉트'라는 단어에 주목해야 할 것이다.

전통적이라는 것은 오랜 시간을 유지해왔다는 의미이고 성공적이라는 것은 독일 텔레비전 뉴스시장에서 부동의 1위라는 의미일 텐데 그걸 그대로 유지한다는 것은 1등 전략 그대로이다. 더 이상 올라갈 자리가 없기에 그렇게 표현하는 것이리라.

오랫동안 시청자들에게 각인된 타게스샤우의 전통적인 이미지를 그대로 가져간다는 것이다. 그것은 타게스샤우 방식의 고수이다. 저널리스트적 관점에서 중요하다고 판단되는 뉴스를 시청자들이 집중하게 하고 사실적으로 표현할 수 있도록 중재역할을 하는 것이 최상의 길이라는 경영진들의 판단이다.

또 하나의 전략은 타게스샤우를 모방하거나 베끼는 것은 경쟁력이 될 수 없으므로, 타게스샤우야말로 유일한 대안이라는 인식의 공유이다. 이처럼 자신만만하게 전통 콘셉트를 유지하는 근거는 민영채널의 도입으로 무한경쟁시대에 접어들었지만, 여전히 타게스샤우가 최고의 시청자 수를 확보하고 있기 때문이다.

정보채널로의 이미지 전략을 살펴보자. ARD는 전체 방영시간 중 상대적으로 뉴스 방영시간이 많은 부분을 차지하고 뉴스 제작에 많은 물적 자원을 투입한다. 주목할 것은 뉴스기사 선택을 시청자들의 관점에서 하지 않고 저널리스트의 관점에서 취사선택한다는 것이다.

ARD이사회 의장인 노보트니는 "국민들이 보고 싶어 하는 것이 문제가 아니라 어떤 사건이 전달할 가치가 있느냐의 문제이다. 그게 편집의 예술이다. 수많은 통신사에서 뉴스를 보내오는데 무엇이 중요한가를 찾아내는 것이 중요하다."고 말했다.

푹스 편집국장은 "시청자들이 보고 싶어 하는지에 대해 문제 제기하지 않는다. 국민들이 보고 싶어 하는 것을 타게스샤우에 가져온다. 내 생각은 이렇다. 시청자가 타게스샤우를 볼 때 오늘 일어난 중요한 일이 무엇인지 서비스를 받는구나 하는 생각이 들도록 하는 게 중요하다."고 말했다.

저녁 8시는 지난 60년 동안 한 번도 변경된 적이 없는 고정 시간대이다. 국민들 사이에 소위 '타게스샤우 뉴스시간'이라는 습관이 생긴 것이다.

그렇기에 경영진들은 8시라는 시간대를 타게스샤우 경쟁력의 강점으로 보고 있다. 이미지와 전통이라는 것은 결코 포기할 수 없는 경쟁요소이다.

타게스샤우 아나운서의 전달 양식에 대한 경영진들의 생각은 어떨까.

왜 그들은 타게스샤우의 전달 양식이 경쟁력이 있다고 여기는가 살펴보자.

경영진들은 훈련된 전문 아나운서가 뉴스를 읽는다는 것을 강점으로 보고 있다. 이어 원고를 들고 읽는 뉴스전달형태에서 경쟁력을 발견했다.

슈바르츠 코프 프로그램 국장의 말이다.

"많은 사람들이 마치 타게스샤우 뉴스가 공문서 읽는 것처럼 들린다고 말한다. 우리도 타게스샤우가 공무원 뉴스처럼 되는 것은 원치 않는다. 다만 중립적인 표현이 신뢰의 요소라는 걸 말하고 싶다. 그러기에 우리는 아무것도 변경하고 싶지 않다."

타게스샤우의 뉴스는 이른바 콤팩트하다. 이점 역시 타게스샤우의 성공 요인으로 꼽힌다.

노보트니의 말을 다시 들어보자.

"타게스샤우는 독일에서 존재하는 일일 사건의 가장 압축적인 요약이다. ZDF의 호이테는 우리보다 길다. 민영은 뉴스를 더욱더 분장한다. 타게스샤우는 언제나 변함없는 고전적인 정보 프로젝트다. 신문에는 콤팩트라는 개념이 있다. 그것은 가장 짧은 서술형태이다."

경영진들은 전달 형태와 관련해 특별히 시청자들의 이해를 고려하지 않는다. 종합적인 이용을 부추기는 방향으로 제공한다.

그렇다면 경영진들은 기자들의 능력에 대해서는 어떻게 생각하고 어떤 전략을 갖고 있는가.

그들은 신뢰, 섬세함, 능력제고로 시청자들에게 다가가야 한다고 여긴다. 이런 경쟁적인 우위를 유지하기 위해선 특별한 노력이 필요하다는 것이다. 현재 변화하는 환경 속에서는 고도로 다듬어진 기자의 업무능력이 위협받을 수 있다고 진단한다.

푹스 편집국장은 이렇게 평가했다.

"뉴스가 점점 빨라지고 있다. 전에는 특파원의 필름을 비행장에서 픽업해오던 시절이 있었는데 이제는 세계 어느 구석을 가더라도 직접 받을 수 있다. 전자기술의 발달로 그렇다. 속도감이 증대하고 있다. 우리는 매시간 뉴스를 받아보고 있다. 뉴스는 공개적인 경쟁상황에서 생성된다. 매니지먼트의 과제는 이런 상황에서 뉴스의 양식을 유지하는 것이다."

특파원의 경쟁력에 대한 경영진의 시각을 보자. 경영진들은 타게스샤우 뉴스화면에 보이는 전 세계 특파원들의 자체 리포트를 매우 높게 평가하고 있다. 이런 경쟁력 우위 요소는 무조건 유지되어야 한다고 말한다.

타게스샤우는 전 세계에 거미줄 같은 특파원 상주 네트워크를 갖고 있다. 이는 그 어느 때보다 중요하게 작용한다. 그렇기에 비용이 들더라도 특파원망은 유지되어야 한다고 이야기한다.

다음은 푹스 편집국장의 의견이다.

"세상은 변하고 있다. 그리고 우리는 이 변화를 나른다. 이럴 때 거대한 특파원망은 장점이다. 우리는 즉각 실행할 수 있다."

프로그램 국장 슈바르츠 코프의 진단이다.

"우리가 갖고 있는 특파원망은 매우 돈이 많이 든다. 그럼에도 우리는 특파원망을 유지할 것이다. 왜냐하면 그것은 탁월한 저널리스트의 업적을 가능하게 하기 때문이다. 어느 한 나라에 드라마 같은 사태가 발생했을 때 우리는 그 나라 사정에 경험이 있는 사람을 보유할 수 있다. 우리는 특파원을 유지하기 위하여 이를테면 오락분야에서 비용절감을 더욱 해야 한다."

: 편집진의 전략

통상 현업에서 근무하는 실무진들은 거창하게 전략이라는 말을 쓰길 꺼린다. 전략이라는 방정식에 따라 행동하기보다 평소에 익숙해진 일 처리를 바탕으로 루틴 하게 일하는 경우가 많다.

그렇더라도 머릿속에는 늘 전략의 틀을 갖고 있다. 편집자들이 이야 기하는 전략이라는 것을 특정화할 수는 없겠지만 그들은 대략 이런 반 응을 보였다.

"집중해서 시청자들을 진지하게 받아들이는 것, 우리가 1등을 유지하 기 위해 노력하는 것이 전략이다."

다른 의견으로는 해외특파원 비용을 국내로 돌려서는 안 된다는 것이 있고 형식에 드는 비용을 위해 내용을 줄여서는 안 된다는 것이 있다.

내근을 하는 편집자나 외근을 하는 기자들이나 모두 자기 업무적 관 점에서 일을 하고 있다. 무슨 거창한 전략을 책상머리에 걸어놓고 일을 하는 것이 아니다. 그들에게 타게스샤우의 1위는 큰 의미로 여겨지지 않 는다.

이에 대해 행정국장은 아주 명확한 답을 했다.

"경쟁 때문에 우리는 뉴스 선택의 카테고리를 변경하지 않는다. 우리 는 항시 뉴스를 선택할 때 그것이 국민들 생활에 영향을 미친다는 것을 인식하고 그들의 일상에서 중요하다고 생각되는 것을 제공한다."

전반적으로 종합해보면 경영진이든 편집진이든 아니면 경쟁전략을 깊이 인식하고 바라보는 사람이든 자신의 업무에 충실하든 타게스샤우를 관통하는 공통된 생각은 '기존의 콘셉트를 유지하는 것이 경쟁력'이라는 것이다. 외부적 요인에 의해 변화를 시도하거나 무엇을 바꾸는 변화보다는 기존에 설정된 전략을 그대로 유지하는 것, 저널리스트적 품질 제고에 계속 매진하는 것 이외에는 다른 묘안이 없다는 생각이다.

'끝없이 변해야 이긴다.'는 아주 상식적이면서도 고루한 경영전략 표어는 어디에도 없다. 수성이 창업보다 더 힘들다고 하는데 타게스샤우의 수성은 그냥 그대로 하는 것이라는 점에서 특별하지 않게 느껴질 수도 있지만 실은 그게 진짜 알짜 전략이 아닌가 싶다.

툭하면 변하지 않으면 죽는다고 아우성인데 전통방식을 고수하는 것이 경쟁전략이라는 의미는 저널리즘에서 아날로그적 팩트, 즉 사실에 기반을 둔 정확한 정보전달의 변함없는 중요성을 의미한다. 그 점에서 뉴스장사는 일반장사와 다르다. 신뢰라는 무형의 요소가 내재되어 있기 때문이다. 단순히 형식만 과거 방식대로 유지하는 것이 경쟁력의 원천이라는 접근이나 해석은 외피적인 설명일 따름이다.

그렇다면 실제적으로 타게스샤우 화면에는 어떤 뉴스가 등장하는가? 경영진이나 편집진이 생각하는 요소들이 구현되고 있는가? 주로 어떤 뉴스를 다루고 있는가.

오늘 이 시점에서 타게스샤우의 기사들을 보면 과거 타게스샤우 전략이 그대로 유지되는지 여부의 검증도 가능할 것이다. 실제 타게스샤우의 일정 기간 뉴스를 분석해보자.

☞ 이는 필자가 2011년에 직접 모니터해서 나름대로 분석한 것이다.

먼저 8시에 등장, 아주 콤팩트한 기사, 아나운서가 전달하는 외형상 양식에는 변함이 없다. 기본적으로 형식상의 콘셉트에는 변화가 없다는 것이다. 타이틀 화면은 다소 변화된 것이 보이지만 부분적인 손질이지 근본적인 변화는 아니라고 할 수 있다. 그렇다면 아이템에 대해 한번 검토를 해보자.

먼저 랄프 바르텔이 1997년 분석한 바에 따르면 국제정치 아이템이 29퍼센트, 국내정치 아이템이 36퍼센트, 경제 아이템이 6퍼센트, 사건·사고·재난 아이템이 8퍼센트, 날씨 아이템이 7퍼센트, 스포츠 아이템이 7퍼센트, 인물 아이템이 3퍼센트, 문화 아이템이 1퍼센트, 기타 아이템이 3퍼센트 등으로 나타났다.

타게스샤우에는 정치뉴스가 압도적으로 많다. 국내외 뉴스를 포함하면 70퍼센트 가까이 된다. 정치뉴스가 압도적으로 많은데 뉴스 간에 적절한 배분이라는 산술적 균등도 보이지 않는다.

오랫동안 ARD-aktuell 편집국장을 역임하다 지금은 베를린 지국장이 된 울리히 데펜도르프는 말한다.

"타게스샤우 톱이 대부분 국내정치로 시작한다는 건 놀라운 일이 아니다. 정치는 시민의 삶과 밀접한 연관이 있다. 정치뉴스가 여전히 15분 뉴스시간 중 49퍼센트를 차지하는데 이게 타게스샤우의 이미지이다. 타게스샤우는 정치뉴스방송이다. 이게 타게스샤우의 강점이다.”

하루에 10개에서 15개의 아이템이 타게스샤우에 소화되지만 결국 중점 기사는 정치 분야다. 주관적인 판단영역은 철저하게 배제된다. 그러기에 편집진들이 언쟁을 하기도 한다. 뉴스는 새로운 것이어야 하고 시청자들에게 중요한 것이어야 한다. 그래서 국민의 삶과 연관된 정치뉴스가 대체로 톱으로 올라간다.

문화, 경제, 기술, 스포츠, 범죄, 흥밋거리 분야는 기사취급 빈도가 낮은 것으로 나타났다. 전달형식에서 볼 때, 아나운서 기사읽기 53퍼센트, 리포트 45퍼센트, 인터뷰와 라이브 등이 2퍼센트를 차지했다.

우리 한국 텔레비전에서 말하는 ‘화면 없는 앵커 멘트’라는 것이 많은 부분을 차지했다.

심층보도는 밤 10시 반에 하는 타게스테멘에서 주로 다뤄진다.

이번에는 15년이 지난 뒤의 타게스샤우 뉴스를 보자. 이는 필자가 ARD 타게스샤우 홈페이지에서 직접 뉴스화면을 모니터한 것이다.

먼저 2011년 11월 2일 뉴스를 보면 이날은 날씨, 로또를 포함해 총 14꼭지가 등장한다. 인터넷 다시보기를 이용하여 당일 아이템을 표로 정리하면 다음과 같다.

| 제 목 | 전달방식 | 전달자 | 영 역 |
|---|---|---|---|
| 1. 칸 정상회담 | 리포트 | 특파원 | 국제정치 |
| 2. 정상회담 | 라이브 | 현장기자 | 국제정치 |
| 3. 그리스 부채위기 | 리포트 | 특파원 | 국제정치 |
| 4. 독일 터키 노동 협약 50년 | 리포트 | 기자 | 국내정치 |
| 5. 실업자 감소 | 단신 | 아나운서 | 경제 |
| 6. 시리아 정세 | 단신 | 아나운서 | 국제정치 |
| 7. 파리 화재 | 단신 | 아나운서 | 국제 |
| 8. 후쿠시마 원전 사고 | 리포트 | 특파원 | 국제 |
| 9. 러시아 무기 거래상 체포 | 단신 | 아나운서 | 국제 |
| 10. 영국재판 | 리포트 | 기자 | 국제 |
| 11. 브레멘 전염병 | 리포트 | 기자 | 사회 |
| 12. 축구장 소동 | 단신 | 아나운서 | 스포츠 |
| 13. 로또 | 단신 | 아나운서 | 기타 |
| 14. 날씨 | – | – | 기타 |
| 아이템 총 14개 | | | |

국제뉴스가 리포트, 단신을 합쳐 14개 꼭지 중 8개를 차지하고 있다. 특파원 리포트가 3꼭지, 라이브는 한 꼭지를 차지했다.

라이브를 전한 데펜도르프 기자는 ARD 악투엘 편집국장 출신으로 현재 베를린 지국장이다. 백발이 성성한 기자인데 칸 정상회담의 핵심 의제인 그리스 재정위기의 중대성을 감안해 베를린에서 날아와 현장에서 라이브로 마이크를 잡았다. 이처럼 독일에서는 편집국장 출신도 현역으로 다시 뛴다. 직급이 높아지면 행정관료화 되는 한국 텔레비전 기자들의 조직체계와는 다른 것인데 이런 게 신뢰와 전문성의 증거일 것이다. 그만큼 사안을 깊이 있게 보는 경험, 지혜가 중시되고 있다는 증거이기도 하다. 그런 점에서 얘기하자면 한국 텔레비전의 화면에는 꽃미남 애송이들만 판치고 있다고 할 수 있다.


☞ 2011년 10월 31일의 타게스샤우를 한번 보자. 이날은 월요일이고 15분 뉴스에 날씨를 포함해 총 12개 아이템이 방송됐다.

날씨를 제외하고 11개 아이템 가운데 국내외 정치뉴스를 7개 다뤘고 리포트는 6개, 라이브 출연은 1개를 다뤘다. 아나운서가 읽은 단신은 4꼭지였다.

이를 종합하면 결국 타게스샤우에는 정치 관련 아이템이 압도적으로 많고 특히, 특파원리포트 비중이 크다는 결론이 나온다. 20년 전 타게스샤우의 뉴스편집 전략과 전혀 달라진 게 없다. 여전히 정치뉴스의 비중이 크고 특파원 활용도가 높다. 아나운서가 읽는 단신도, 리포트 사이사이에 들어가는 편집의 묘미를 살린 블록편집 테크닉도 여전히 유효하다. 이날은 특별히 루터의 종교개혁 기념일이라 이례적으로 문화뉴스가 평일 리포트에 들어간 것으로 보인다. 독일은 종교개혁의 발생지로서 1517년 루터가 비텐베르크에서 종교개혁의 단초를 열었다.

| 제 목 | 전달방식 | 전달자 | 영 역 |
|---|---|---|---|
| 1. 팔레스타인 유네스코 가입 | 리포트 | 특파원 | 국제정치 |
| 2. 워싱턴 반응 | 라이브 | 특파원 | 국제정치 |
| 3. 독일 반응 | 단신 | 아나운서 | 국내정치 |
| 4. 그리스 국민투표 | 단신 | 아나운서 | 국제정치 |
| 5. 조세인하 | 리포트 | 기자 | 국내정치 |
| 6. 최저임금 토론 | 리포트 | 기자 | 국내정치 |
| 7. 기업 손실 | 단신 | 아나운서 | 경제 |
| 8. 핵 쓰레기 운반 | 리포트 | 기자 | 사회 |
| 9. 키르기스스탄 대통령 선거 | 단신 | 아나운서 | 국제정치 |
| 10. 세계인구 70억 돌파 | 리포트 | 기자 | 사회 |
| 11. 루터 종교개혁 기념일 | 리포트 | 기자 | 문화 |
| 12. 날씨 | – | – | 기타 |
| 아이템 총 12개 | | | |

☞ 2011년 10월 30일 일요일이다. 이날의 타게스샤우를 한번 보자.

일요일도 변함없는 게 타게스샤우이다.

타게스샤우는 저녁 8시, 정시 온에어 15분 뉴스이다. 휴일이라도 뉴스 시간을 줄이지 않는다. 역시 국내외 정치 당일 뉴스가 주축이다.

일요일이라고 뉴스시간의 단축 내지 아이템 축소가 없다. 일요일이기에 스포츠 뉴스 중 독일인들의 최고 인기 스포츠인 분데스리가Bundesliga 소식이 들어갔다. 주말과 휴일에만 스포츠 소식을 전하는 것도 편집의 작은 원칙중 하나이다.

이날은 일요일인데도 톱뉴스는 최저임금 문제다. 이는 독일 사회에 주요한 사안이기에 각 당의 사무총장 인터뷰를 넣어 리포트 했다. 이런 뉴스는 정치뉴스로 보이지만 사실은 생활정책 뉴스이다. 국민들에게 직접적이고 중대한 영향을 미치는 사안이기 때문이다. 정치영역에서 이러한 사안에 대해 어떻게 토론하고 다루는지 뉴스가 일거수일투족 따라붙고 있는 것이다.

| 제 목 | 전달방식 | 전달자 | 영 역 |
| --- | --- | --- | --- |
| 1. 최저임금 논쟁 | 리포트 | 기자 | 국내정치 |
| 2. 중동 사태 | 리포트 | 특파원 | 국제정치 |
| 3. 시리아 사태 | 단신 | 아나운서 | 국제정치 |
| 4. 키르기스스탄 대통령 선거 | 리포트 | 특파원 | 국제정치 |
| 5. 뮌헨 터키협정 50년 | 리포트 | 기자 | 사회 |
| 6. 환경상 수상 | 리포트 | 기자 | 사회 |
| 7. 미국 폭설 | 리포트 | 특파원 | 국제 |
| 8. 분데스리가 | 단신 | 아나운서 | 스포츠 |
| 9. 날씨 | – | – | 기타 |

아이템 총 9개

☞ 그리스 재정위기가 초미의 관심사였던 2011년 11월 4일 타게스샤우를 보자.

이를 보면 타게스샤우의 일반적인 편집흐름이나 아이템 선택, 그리고 리포트와 단신의 배합 등이 변함없이 유지되고 있다는 것이 확인된다.

이날은 전 세계 뉴스의 최대 관심사인 그리스 사태를 톱 블록에 올려 깊이 있게 다뤘다. 그리스 특파원이 평소 얼마나 리포트를 하고 있는지 직접 파악은 못했지만 긴급사태 발생 시 밤낮으로 화면에 등장해 시청자들 앞에 선다.

특파원의 임무라고 한다면 적시에 배치되는 것이리라. 평소 아이템도 없는데 뭐 없냐고 닦달하면서 리포트 숫자로 업무평가를 하는 것이 아니다. 특파원이 주요 뉴스 흐름에서 주요한 역할을 해내는 것이다. 어디에서 사건이 터지든 제일 먼저 달려가서 자사 특파원이 뉴스를 전한다는 원칙이 그대로 반영되고 있다.

타게스샤우는 특파원 리포트 시에 어지간해서는 CNN 등 외국 뉴스사의 화면을 사용하지 않는다.

| 제 목 | 전달방식 | 전달자 | 영 역 |
| --- | --- | --- | --- |
| 1. G20 정상회담 | 리포트 | 특파원 | 국제정치 |
| 2. 그리스 신임투표 | 리포트 | 내근기자 | 국제정치 |
| 3. 그리스 현지 분위기 | 라이브 | 특파원 | 국제정치 |
| 4. 상업은행 손실 | 단신 | 아나운서 | 경제 |
| 5. 세금징수 | 리포트 | 기자 | 경제 |
| 6. 연방검찰총장 | 리포트 | 기자 | 사회 |
| 7. 외국 졸업장 인정 | 단신 | 아나운서 | 사회 |
| 8. 시리아 사태 | 단신 | 아나운서 | 국제 |
| 9. 배기가스 | 단신 | 아나운서 | 사회 |
| 10. 이탈리아 홍수 | 단신 / 화면 | 아나운서 | 국제 |
| 11. 소련 위성 | 리포트 | 기자 | 국제 |
| 12. 날씨 | — | — | 기타 |

아이템 총 12개

# 6. 다른 경쟁사의 전략

"우리는 여전히 타게스샤우를 주 경쟁대상으로 보고 있다. 우리는 시청자들에게 호이테가 타게스샤우보다 왜 5분 더 해야 하는지 분명하게 보여주어야 한다. 시청자가 5분을 더 보게 하기 위해 무엇인가를 제공해야 하는데 그게 스포츠, 문화, 재미난 것 분야이다."

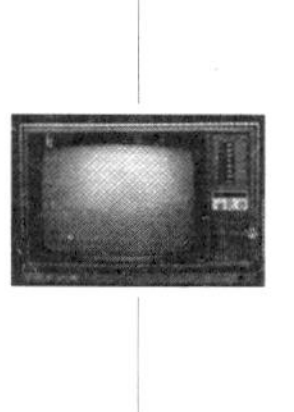

# 6. 다른 경쟁사의 전략

: 제2의 공영 맞수 ZDF

이쯤에서 ARD의 후발 공영방송 가운데 가장 강력한 도전자인 ZDF 호이테Heute 뉴스의 전략을 한번 살펴보기로 하자. 가장 큰 호적수가 어떤 태도와 전략을 갖고 있는가를 아는 것은 타게스샤우의 전략을 좀 더 폭넓게 이해하는 방편이 될 것이다. ZDF의 경영진들의 경쟁전략을 요약하면 다음과 같다.

▶ 기본구도

···▶ 경쟁 성공처방으로써의 품질 관리

···▶ 타게스샤우와 차별화된 뉴스소재 선택

···▶ 시청자 이해 중심의 뉴스 선택 · 전달

···▶ 저녁 7시 정시뉴스 고수

…▸ 저널리스트적 노력

…▸ 충분한 뉴스시간 확충

…▸ 강력한 특파원망 유지


이 같은 ZDF의 전략을 놓고 보면 타게스샤우가 그들의 경쟁대상임을 알 수 있다. 그들은 타게스샤우와의 차별화가 경쟁 목표이다. 이는 그만큼 타게스샤우가 강하다는 반증이다. ZDF도 공영채널로서 뉴스영역을 중시하고 특파원의 강점을 활용하면서 경쟁의 중요 도구로 사용하고자 하는 것은 동일하다. 특히 민영채널과의 경쟁에서 이기기 위해 정보영역에서 더 많은 고심을 하고 있음을 엿볼 수 있다.

에밀 케터링 기획국장의 말이다.

"뉴스 분야는 우리에게 지대한 의미가 있다. 왜냐하면 우리가 만약 민영방송에게 추월당할 때, 민영방송이 보도하지 않는 것 중에 무엇을 보여 줄 수 있느냐는 물음에 신속하게 답해야 한다. 시청자가 시청료를 지불하는 이유가 뭔가?"

ZDF가 내거는 뉴스소재의 차별화를 보면 역으로 타게스샤우가 얼마나 고집스러운 전통을 유지하는지 알 수 있다. 호이테 뉴스는 스포츠, 문화, 화제 등에 타게스샤우보다 더 많은 비중을 두는 것을 차별화 전략으로 삼고 있다.

다음은 간츠 편집국장의 말이다.

"우리는 여전히 타게스샤우를 주 경쟁대상으로 보고 있다. 우리는 시청자들에게 호이테가 타게스샤우보다 왜 5분 더 해야 하는지 분명하게 보여주어야 한다. 시청자가 5분을 더 보게 하기 위해 무엇인가를 제공해야 하는데 그게 스포츠, 문화, 재미난 것 분야이다."

그렇다고 호이테 뉴스가 연성화를 지향한다는 의미는 아니다. 그 전략에 대해서 브레서 편집국장은 단호하게 설명한다.

'나는 정말 인포테인먼트(뉴스 연성화)의 강력한 반대자이다."

인포테인먼트Infortainment를 좀 더 부연설명하면 딱딱한 뉴스를 텔레비전의 특성을 살려 좀 더 재미있게, 속된말로 말랑말랑하게 만들어보자는 것이다. 아이템이 연성화 되는 것도 있겠지만 뉴스를 재미있게 만들겠다는 취지 역시 연성화 전략이다.

이는 한국 텔레비전 뉴스 룸에서도 부단히 토론되고 있는 주제이다. 제작상의 테크닉 이상을 넘어 소재 자체의 연성화로 진짜 내보내야 할 뉴스를 재미없다는 핑계로 빼먹는 경우도 허다하다.

요즘 한국 텔레비전 뉴스를 보면 앵커가 앉았다가 일어나서 진행하고 온갖 현란한 그래픽을 동원해 뉴스를 설명하는 등 쇼하는 게 아닌가 할 정도로 뉴스가 조잡해지고 화려해졌다. 뉴스를 재미있게 전달하려고 부단히 애를 쓴다.

그게 경쟁에서 이기려는 전략인지 모르겠으나 모든 채널이 그렇게 한다면 그것도 경쟁수단이 될 수 없을 것이다. 뉴스내용에 대한 깊은 성찰을 통한 충실한 보도보다는 치장을 통해 시청자를 붙잡겠다는 얕은 수로 보여 시청자들도 눈살을 찌푸리게 될 것이다. 중요한 뉴스를 누락시키지 않고 보도하는 것이 뉴스를 쇼처럼 하는 것보다 더 중요하다.

실제 그렇게 요란하게 뉴스를 한다고 시청률이 높아지고 신뢰도가 향상된다는 증거는 없다. 텔레비전을 봐선 세상 돌아가는 소식을 잘 모르겠다는 말이 이런 뉴스 연성화 전략에서 비롯된 것이다.

ZDF의 뉴스 시간대는 7시로 타게스샤우보다 빨리 들어간다. 그것 자체도 타게스샤우와 차별화를 갖고자 하는 의도지만 뉴스시간 선택에 대한 경험담은 귀담아 들을만하다. 슈톨테 사장의 이야기이다.

"ZDF가 처음 뉴스를 시작했을 때 호이테 뉴스를 7시 반에 그리고 나서 7시 45분에도 시작해 봤다. 그런데 안 좋았다. 왜냐하면 뉴스시간은 정시로 사람들이 쉽게 기억하는 시간대가 좋다. 그래서 73년부터 7시로 정착시켰다."

ZDF는 타게스샤우와 달리 아나운서가 아닌 역동적인 모습의 앵커기자가 진행한다는 차별화 전략을 갖고 있다.

서서 진행한다. 그래픽을 자주 사용하고 리포트의 화면 편집도 빠르다. 마치 저녁 매거진 종합뉴스의 진행 같다. 모두 다 타게스샤우를 의식한 전략이다.

ZDF의 홈페이지를 보면 최근 뉴스에서 가치라는 개념을 제시하고 있다는 걸 알 수 있다. 그렇지만 이러한 전략으로부터 상당 시간이 지난 지금 ZDF는 민영방송에 2등 자리를 내주는 상황에 처했다.

이는 2공영 체제에서, 타게스샤우같이 전통적인 방법으로 가지 않고, 민영방송처럼 시청자 기호에 다가가지도 않는 애매한 샌드위치 뉴스전략의 한계가 아닌가 싶다.

공영채널의 독과점 속에서 민영방송의 출범으로 무한경쟁 시대에 진입했고 그 경쟁은 지금도 진행형이다. 한국도 이제 종편 출범으로 본격 다多채널시대가 열리면서 많은 사람들이 뉴스시장 판도변화에 촉각을 곤두세우고 있다.

가장 치열한 경쟁을 할 당시 독일 민영 텔레비전의 뉴스전략을 보자.

민영방송은 후발 주자인 만큼 기존 공영과는 다르게 한다는 차별화 전략에 중점을 두었다. 그러나 사실 뉴스를 차별화 한다는 것이 말처럼 쉽지는 않다. 그러므로 이 말은, 전혀 다른 소재의 뉴스를 하자는 말이 아니고 그날그날 벌어지는 일 가운데 어떤 뉴스에 더 비중을 두고 초점을 둘지와 전달형식을 차별화하자는 말일 것이다.

그러나 간과해서는 안 될 대목이 있다. 민영방송이 비록 후발주자로서 불리한 위치에 있었지만 뉴스 프로그램이 중요하다는 인식을 하고 있었다는 점이다.

당장 시청률에서 밀리고 돈이 안 될지 모르지만 뉴스 시청자들은 한 곳에 오래 머무는 경향이 있기에 뉴스 프로그램에서의 신뢰 얻기가 장기적인 시청자 확보에 도움이 된다는 생각을 했던 것이다.

: 민영 텔레비전 SAT1, RTL, PRO7

▶ SAT1

⋯→ 메인뉴스 프로그램은 매주 중요하다. 왜냐하면 안정적인 시청자층을 확보할 수 있기 때문이다.

⋯→ 기본적인 입장은 중도In der Mitte이다.

⋯→ 뉴스소재도 평균적인 혼합을 한다.

⋯→ 경제뉴스는 적게 다룬다.

⋯→ 사람중심의 뉴스전달을 한다.

⋯→ 국내 뉴스를 더 많이 다룬다.

⋯→ 스타 저널리스트를 통해 이미지화 한다.


SAT1는 기존 공영과 다른, 눈에 띄는 전략을 시도했다. 먼저 뉴스 포지션을 중간에 둔 것이 바로 그것이다. 중간이라는 것이 이념적으로 중도라는 표현은 아니다. 기존 공영채널에 정치비중이 높은 것을 감안해서 정치뿐 아니라 세간의 화제 아이템도 그만큼 내보내 전체적으로 혼합된 뉴스를 하겠다는 전략이다.

루츠 편집국장은 "우리 뉴스는 다수 시청자들에게 도달하기를 희망한다. 스타일이나 전달언어나 표현방식이 다수에 맞는 방식이어야 한다."고 말한다. 이러한 이유로 그는 시청자 모두가 대중이라는 점을 지적한다.

공영방송 채널을 지향하는 시청자와 길거리 뉴스에 관심 있는 시청자의 기호를 동시에 만족시키는 투 트랙two track전략이다.

SAT1 경영진들이 생각하는 다른 경쟁전략은 사람중심의 뉴스이다.

이를테면 이런 방식의 뉴스이다. 국회에서 연금 법안이 논의되고 있다. 이 뉴스를 그냥 회의가 열렸다고 전달하지 않고 연금 법안이 루르지역의 근로자들에게 어떤 영향을 주는지 직접 당사자를 만나서 뉴스 내용을 점검하고 풀어가는 방식이다. 의회에서 의원들이 법안을 두고 다투는 모습 이외에 현장 반응을 보여주는 것이다.

국제뉴스보다는 국내뉴스에 중점을 두는 것도 차별화된 경쟁전략이다. 공영방송이 막강한 전 세계 특파원망을 동원해 국제뉴스에 상당한 비중을 두고 있는 것과는 반대전략이라고 할 수 있다. 국내뉴스가 훨씬 흡인력 있다는 판단에서다.

클라테 마케팅국장의 말이다. "시청자들은 이론적으로 뉴스에 관심을 갖는 게 아니라 자신의 대차대조표를 갖고 대한다. 전적으로 개인적인 차원에서 뉴스에 물음을 갖는다. 이를테면 유고에서 전쟁이 발발했을 때 기자들은 격한 논쟁을 벌이겠지만 시청자들은 별 관심이 없다. 유고가 이웃국가이고 독일 내에 많은 유고근로자들이 있어 중요한 뉴스아이템이겠지만 시청자들은 관심이 적은데 그건 나와 관련이 없기 때문이다."

외형적인 측면에서 뉴스스튜디오를 현대적으로 꾸미고 기자출신의 명성 있는 앵커를 등장시켜 진행하는 것도 민영 나름의 차별화전략이다. 그래서 크론츠커라는 스타 저널리스트를 영입하기도 했다.


▶ RTLplus

⋯▶ 공영채널과 차별화된 뉴스를 제공한다. 특히 젊은 세대 시청자 층을 겨냥한다.

⋯▶ 대중적 관심 뉴스에 비중을 둔다.

⋯▶ 단순하고 쉬운 표현을 이용해서 아주 편안하고 개성적인 뉴스진행을 한다.

⋯▶ 현대적인 스튜디오에서 생방송을 한다.


이 같은 초기의 경쟁전략은 지금 어떻게 변했는가.

RTL plus는 그간 뉴스 프로그램의 제목을 RTL aktuell로 변경하고 장족의 발전을 했다. 현재는 저녁시간대 뉴스 중 2위를 달리고 있다.

쾰른에서 송출하는 RTL뉴스는 저녁 6시 45분에 시작한다. 타게스샤우와 달리 앵커시스템으로 진행한다. 남녀가 진행하는 코co앵커체제로 현재 남자 앵커는 퍼터 클뢰펠이다. 클뢰펠은 RTL 창사멤버로 입사해 92년부터 무려 20년간 앵커로 장기집권하고 있다.

그는 RTL의 선거방송, 텔레비전 토론, 정치토론 등 주요 대형 프로그램에 사회자로 나서고 있는 간판스타인데 그를 이렇게 6시 45분 메인뉴스 앵커로 장기간 기용하는 것은 타게스샤우와의 경쟁에서 이기기 위한 승부수로 볼 수 있다. 그만큼 경쟁이 치열한 뉴스시간대라는 의미이다.

초기 경쟁전략 콘셉트에서 크게 변화 없이 여전히 모던한 스튜디오에서 역동적인 진행을 한다. 앵커가 직접 서서 화면을 보면서 뉴스를 설명하기도 하고 여기저기 옮겨 다니면서 진행한다. 입체적인 그래픽 화면을 띄워놓고 손으로 짚어가면서 뉴스를 진행하는 것 자체가 역동적인 모습 그 자체이다. 또한 선남선녀가 앉아서 편안하게, 뉴스 도중에 웃음도 보이면서 부드럽게 진행하는 모습은 타게스샤우 아나운서의 로봇 같은 모습과는 사뭇 다르다.

최근에는 스튜디오를 현대적인 분위기로 완전 바꾸었다. 형식적인 측면에서만 보면 미국 상업방송의 뉴스를 보는 듯하고 앵커가 움직이는 모습은 요즘 한국 공중파 3사의 9시 뉴스 앵커들과 유사하다.

▶ PRO7

⋯▸ 재미난 소재를 발굴한다.

⋯▸ 점잖은 콘셉트를 잡는다. 타게스샤우의 전통을 모방한 뉴스 소재, 경제뉴스에 비중을 둔다.

⋯▸ 대중에게 각인된 뉴스시간 8시에 뉴스를 한다.

⋯▸ 중립적인 경향을 띤다.

···▶ 그래픽을 사용 자주한다.

···▶ 배경 심층 리포트를 한다.

···▶ 조직효율을 높일 수 있도록 기자상을 수여한다.


독일 민영방송 뉴스역사도 이제 30년 가까이 된다.

그간 민영 방송도 경륜과 역량 축적으로 예전과 사뭇 다른 양상으로 발전했다. 독자적인 뉴스 취재와 해외특파원망의 가동으로 공영 못지않은 역동성을 갖고 있다.

그러나 아직 타게스샤우를 따라가기에는 역부족이다. 뉴스는 순간적인 능력보다 오랜 전통의 산물이다. 습관적인 측면이 있다. PRO7은 타게스샤우가 거느리고 있는 인적자원의 힘도 아직 따라잡기 역부족이다.

# 7. 타게스샤우 형식적 특징

학자들은 타게스샤우의 8시를 독일인들에게 하나의 인스티튜션Institution
이라고 말한다. 하나의 제도같은 것이 돼버렸다는 것이다. RTL 편집국장
을 지낸 토마는 "타게스샤우는 방송이 아니라 그냥 습관이다."라고 평한다.

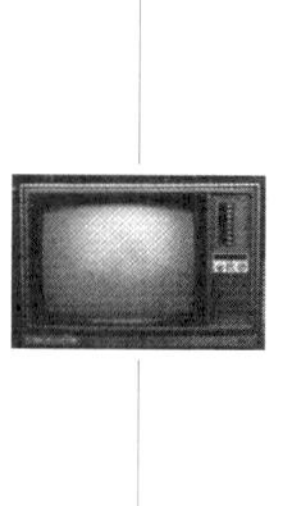

# **7.** 타게스샤우 형식적 특징

타게스샤우는 변하지 않는 것을 전통으로 고수하는 것이 경쟁력이라고 말한다.

이 변화무쌍한 시대에, 변하지 않으면 죽는다고 자신의 성씨만 빼고 다 바꾸라는 정언적 명령이 포격처럼 다가오는 시대에, 변치 않는 것을 기치旗幟로 내건다는 것은 자신감일 수 있다.

마치 오래된 일본 우동집이 그 옛적 허름한 집에서 그대로 우동을 뽑는 이치와 유사할지 모르겠다. 집을 수리한다고 맛이 더해지는 것도 아니고 집의 외관과 관계없이 맛의 전통이 이어져 온다면 그 집의 겉모습은 맛을 두르고 있는 멋진 전통이 된다.

타게스샤우 전통 고수의 배경에는 이러한 논리가 존재하지 않을까 싶다. 음식점이 맛만 좋으면 되지 건물 구조와 무슨 상관이 있느냐는 그런 논리 말이다.

건물은 번지르르한데 맛이 영 아니면 속은 듯하여 돈도 아깝고 기분

을 잡친다. 형식은 화려하고 아주 그럴듯한데 뉴스 내용이 쓸데없는 신
변잡기로 흐른다면 시청자로부터 외면과 무관심과 빈껍데기인데 하는
손가락질을 받지 않겠는가.

아마도 세트와 아나운서 진행 스타일이 대표적인 예일 게다.

: 원고를 들고 읽는다

타게스샤우 지난 방송을 보나 현재를 보나 변함없는 것 하나는 아나 운서가 기사 원고를 들고 읽는다는 것이다.

한국 텔레비전 방송처럼 아주 잘 포장되고 깔끔한 뉴스를 접한 시청자들에게는 꽤 낯선 장면이다. 옛날에 기계적 장치의 도움이 없을 때는 원고를 다 암기할 수 없으니 들고 읽는 게 이해가 갔지만 오늘날 프롬프터라는 기계가 있는데 굳이 들고 읽을 필요가 있느냐는 반문도 하게 된다. 나아가 아직도 저렇게 뉴스를 하나, 물을지 모르지만 그렇게 피상적으로만 재단할 일은 아니다. 다 나름의 사정과 배경이 있는 것이다.

타게스샤우는 초창기부터 그렇게 하는 방식을 유지하고 있다. 초기에는 당연히 들고 읽을 수밖에 없었다. 그런데 그걸 지금까지 유지하고 있다. 그렇게 오래 가면 그건 전통이 된다.

여기서 한 가지 궁금증이 생긴다. 화면에 원고 든 모습이 보일 정도로 대놓고 들고 읽을 때 신뢰가 더 가는 걸까?

다그마 베르크호프는 보고 읽더라도 첫 문장은 암기한다. 왜냐하면, 온에어와 함께 카메라 렌즈에 시선을 맞추기 위해서다. 이렇게 하는 또 하나의 이유는 긴급속보가 들어왔을 때 프롬프터에 바로 입력하기보다 기사 원고를 스튜디오에 바로 전달하는 것이 빠르기 때문이다. 그러므로 일관성을 유지하기 위해 원고를 보고 읽는다.

그러나 무엇보다도 정확성을 위해서 그렇게 한다. 뉴스 내용 자체가 정확해야 하는 것은 물론 정확히 읽어야 하기 때문이다. 특히 타게스샤우 뉴스는 일체의 감정이 배제된 아주 고른 톤으로 리딩을 해야 하기에 보고 읽는 것이 가장 정확하다는 것이다. 이때 정확하다는 것은 읽는 리듬이나 톤을 모두 종합하는 표현이다.

원고 없이 깔끔하게 읽는 모습이 자신감도 있어 보이고 군더더기 없어 보일지 모르지만 그런 외형적인 포장보다 기사내용을 오독 없이 정확하게 읽는 데 중점을 두는 것이다.

물론 프롬프터를 보고 읽는 것이 덜 정확하고 실수 가능성이 크다는 의미는 아니다. 기자리포트나 화면 없는 아나운서 리딩만으로 구성된 기사일 경우 20~30초 동안 원고를 들고 읽는 모습을 봐야 한다. 이는 시청자에게도 고역일 수 있다.

그러나 그것은 습관 나름이다. 이렇게 하는 데에는 그림을 보는 것도 좋지만 들어서 내용을 알아야 한다는 메시지가 들어 있다.

: 무미건조한 세트

타게스샤우도 내부적으로 변화를 시도한다고 한다. 그러나 그 변화라는 게 구조적인 개선이 아니라 그냥 지도의 색감을 좀 밝게 한다는 정도이다.

타게스샤우는 ARD 이미지 톤을 뉴스세트에 그대로 사용하고 있다. ARD의 로고를 보면 청색이 나온다. 그 청색이 회사의 이미지 색이다. 이 색은 회사의 홈페이지, 각종 안내책자, 뉴스세트에 모두 일관되게 적용된다.

청색 바탕의 세계지도를 배경으로 해서 "여기는 1텔레비전 타게스샤우입니다."라는 아나운서 멘트로 시작하는 구조는 변함이 없다. 뉴스타일의 로고도 마찬가지이다. 60년이란 세월 동안 부분적인 색감이나 밝기 등의 변화는 있었지만, 근본적인 변화가 없다. 내부에서는 바꾼 게 있다고 주장할지 모르지만 시청자가 보기에는 그대로이다.

오디오 없이 색깔만 봐도 아, 타게스샤우 뉴스를 한다고 할 정도로 상징화되어 버렸다.

: 8시에 만나요

아인슈타인이 산책을 나오면 새벽 5시라는 말이 있다. 반복해서 정확하게 시간을 맞추다보면 습관이 될 수 있다는 의미이다.

방송에서 시간은 중요한 의미가 있다. 시간대가 정해져야 편성이 가능하고 그걸 시청자들에게 미리 알려줘야 한다. 방송은 약속이다. 뉴스는 고정 편성이기에 정해진 뉴스 시간대라는 게 머리에 입력된다. 그 입력된 시간은 한 세대 두 세대가 흘러 환갑이 되어도 변함이 없게 된다.

방송시간은 월요일부터 토요일까지가 아니라 일주일 내내 같다. 8시 원칙 그리고 뉴스시간 15분, 대형사건이 터졌다고 해도 뉴스시간을 늘리지 않는다. 베를린 장벽이 개방되던 날도 그랬다. 아무리 역사적인 사건이 일어나도 뉴스시간은 15분이다. 철칙이다.

이건 타게스샤우 고정불변의 성채 같은 원칙이다. 주중과 주말의 뉴스 시간이 다르고 시청자들의 생활리듬을 고려하여, 시청률을 높이기 위해 시간대 전략을 구사하는 전력이 없다. 그냥 8시다. 이게 굳어져 버렸다.

나중에 후발 방송들이 유사 시간대에 뉴스를 편성하면서 타게스샤우보다 빨리 들어가 7시에도 하고 7시 반에도 하면서 타게스샤우의 아성을 무너뜨리려 했지만 요지부동이다. 8시가 습관처럼 굳어졌다.

'타게스샤우는 습관'이라는 조어가 여기서 유래하는 것이다. 휴가를 가든 집에서 쉬든 직장에 가든 8시가 머릿속에 각인되어 있다.

계절 불문, 국가·사회적 행사 불문, 언제나 8시. 이게 타게스샤우다. 아무래도 그 시간대가 독일인들의 생활 습관에 맞는 시간대라고 보는 것이 상식적으로 이해가 될 것이다.

8시라는 타게스샤우 뉴스 시간이 독일인들의 생활리듬을 그렇게 만들었다고 단정할만한 근거는 없다. 독일은 우리보다 밤에 흥청거리는 문화가 적기에 귀가가 이르다고 봐야 할 것이다. 8시면 대충 사람들이 모두 귀가한 시간이다. 그래서 8시 뉴스가 밤 10시대 종합 매거진 뉴스 보다 시청률이 높다.

80년대 중반, 민영방송 뉴스가 마의 8시 벽에 도전하기 위해 타게스샤우와 같이 8시에 저녁 메인뉴스를 편성하고 도전했으나 전부 실패했다. 누구도 타게스샤우의 벽을 넘지 못했다. 독일인들에게 각인된 '타게스샤우, 8시, 뉴스시간'이라는 고정 시계추가 너무 강했기 때문이다.

그 이후 민영방송들은 그보다 앞선 시간대로 뉴스시간을 옮겼다.

학자들은 타게스샤우의 8시를 독일인들에게 하나의 인스티튜션 Institution이라고 말한다. 하나의 제도 같은 것이 돼버렸다는 것이다. RTL 편집국장을 지낸 토마는 "타게스샤우는 방송이 아니라 그냥 습관이다." 라고 평한다.

이는 독일인들에게 인이 뱄다는 뜻일 것이다. 그들의 저녁시간 개념은 8시 이전과 이후로 나뉜다. 타게스샤우 8시 뉴스가 마치는 8시 15분부터 진짜 밤 시간이 시작되는 것이다.

1952년 처음 방송한 후 60년간 같은 시간대에 뉴스를 했으니 그게 습관으로 굳어지지 않았다면 오히려 이상한 것 아니겠는가. 특히 초기 민영방송이 생기지 않았을 당시 독과점으로 뉴스를 할 때부터 그랬으니 사람들의 몸에 밴 습관이 어지간하지 않겠는가.


밤 10시대 타게스테멘은 퇴근이 늦는 매니저나 엘리트들이 많이 본다. 우리나라와는 좀 다른 시간대 문화이다. 우리나라는 저녁뉴스라 하면 통상 6시 무렵에 아나운서가 등장하는 뉴스를 칭하는데 편성 시간대가 수시로 변경되기 일쑤이다. 정해진 고정시간 개념이 희박하다.

오히려 9시 뉴스가 우리에게는 고정된 뉴스 시간으로 굳어져 있다. 물론 8시 뉴스를 하는 민영방송도 있다. 주중과 주말 메인뉴스의 편성시간을 달리하는 방송사도 있다.

: 화면 없는 기사 읽기

타게스테멘을 시청하다 보면 리포트 화면에 길들여진 시청자들이 낯설어하는 부분이 있다. 배경 화면 없이 아나운서가 그냥 기사만 읽는 부분이 상당부분 있다는 것이다. 독일어 표현으로는 Wortmeldung이라고 한다.

한국의 현업에서는 그걸 그냥 앵커멘트 기사라고 하는데 돌발사건의 긴급뉴스 같이 아주 부득불不得不한 상황을 제외하고는 한국 텔레비전 뉴스에서 화면 없는 기사는 일종의 방송사고로 취급받는 실정이다. 화면이 없다면 관련 자료화면이라도 편집해서 사용한다.

그런데 타게스샤우는 지도를 걸거나 인물 사진을 걸고 뉴스기사를 읽는 경우가 비일비재하다. 이게 하나의 양식으로 정착된 것 같다.

화면 소스가 부족한 것도 아니다. 기본적으로 유로비전에서 유럽 각국의 주요 뉴스화면이 다 들어오고 해외특파원들이 보내오고 하니 늘 화면 대기상태다.

그런데도 톱뉴스의 뒷배경이 그냥 해당 국가의 지도인 경우를 자주 본다.

이를테면 리비아에서 벌어진 카다피 혁명이 며칠이고 계속되었으면 그와 관련된 불타는 장면, 탱크 그림 등 좀 더 자극적인 화면이 얼마든지 있을 텐데도 그런 화면을 어깨걸이용 그림으로 사용하지 않고 밋밋한 지도를 달랑 내건다. 어떻게 보면 아주 무성의하게 보인다.

이것 또한 타게스샤우의 원칙이다. 어디에도 그렇게 해야 한다는 규정은 없지만, 화면의 언어는 기사의 언어보다 덜 감정적이고 덜 자극적인 것을 사용한다는 것이 작업의 코드가 되어버렸다.

언론학자인 페터 루도스는 "타게스샤우는 화면의 미세한 편집이나 카메라 앵글의 빠른 움직임 등 화면과 관련된 기술적이고 역동적인 접근이 다른 민영방송 뉴스보다 덜하다."라고 분석했다.

이렇게 하는 이유는 중립성과 객관성의 척도를 지키기 위해서이다. 뉴스화면을 지나치게 초 단위로 미세하게 편집할 경우 그 사건의 전체적인 흐름이 무시되고 일부분만 극대화돼서 보일 위험도 있다. 기사 내용과 긴밀성을 갖는 영상이 아닌, 무조건 튀고 멋지게 만드는 작위적 포장을 하지 않고 있는 그대로 내보낸다.

그냥 밑도 끝도 없이 화면 좋다는 평가는 안 통한다. 이렇다 보니 자연적으로 뉴스 화면에 그래픽이나 각종 도표자료가 덧붙여지는 경우가 드물다.

매거진 프로그램, 특히 경제매거진 프로그램에는 많이 사용되지만 뉴스에서는 보기 어렵다.

인터뷰 아래에 자막을 까는 경우가 없다. 불가피한 전화 인터뷰로 내용이 아주 듣기 어려운 극단적인 경우를 제외하고는 인터뷰 화면도 정확하게 그대로 내보낸다. 전화 인터뷰로 채우는 전혀 텔레비전답지 않은 인터뷰 역시 보기 어렵다. 그 점에서 아주 정통이다.

: 밋밋한 교과서 제목

편집자의 제목 고민은 크고 깊다. 늘 뭘 뽑을까 하고 고민하며 요술 국수기계라도 있었으면 하는 심정이다.

본문을 더욱 빛나게, 좀 눈에 띄게 뽑아야한다는 강박관념이 늘 편집자를 짓누르고 있다. 밋밋하면 관심유발이 안 된다는 근거에서 그렇다.

그런데 타게스샤우의 뉴스제목을 보면 이런 고민은 별로 없는 것 같다. 제목은 사실적 표현이 주이고 형용사의 수식이나 자극적인 표현이 없다. 예단豫斷이나 추측성 제목은 터부시된다. 기사문체만큼 건조하고 중립적이다. 내용의 핵심 사실을 요약한 게 제목이다.

기사내용 중 한 부분을 끌어내 이른바 섹시하게 만드는 선정적인 제목은 거의 없다. 기사본문을 벗어나는, 제목을 위한 제목은 허용되지 않는다. ‘결국’, ‘이제’, ‘환호’, ‘열광’, ‘덮쳐’ 등 주관적인 판단이나 기호가 들어간 표현은 자제된다.

베를린 장벽이 무너지던 날 타게스샤우 톱뉴스 제목이 ‘국경개방’이었다. ‘몇 년 만에’, ‘드디어’, 이런 수식어로 표현할 뿐 다른 제목이 없다. 일본지진 보도에서도 한국 방송 같은 자극적인 제목을 사용하지 않았다.

이름 이외에는 자막이 없다. 전체적으로 화면이 깨끗하다. 촬영화면의 질적 측면은 차치하고 화면을 설명하는 자막이 거의 없다. 인터뷰 대상자interviewee의 이름을 넣어 주는 것 말고는 여타 장소 표시라든가 내용요약 같은 친절한 자막이 없다. 외국인 인터뷰 화면을 사용할 때는 자막을 넣는 대신 기자가 직접 인터뷰 내용을 번역해서 리포트식으로 읽어 버린다. 그러니 인터뷰 컷 하단에 번역자막이 보이지 않는다. 깔끔할 수밖에 없다.

또한, 대통령이나 총리가 인터뷰로 등장해도 반드시 이름은 넣어준다. 한국 텔레비전은 무슨 이유에서인지 대통령이 화면에 등장해도 이름 자막을 넣지 않는다. 왜 그런지 알다가도 모를 일이다. 대통령을 전 국민이 다 알고 있다고 해서 그러는 걸까? 아니면 대통령 이름을 자막으로 넣는 것이 결례인가?

별것 아닌 것 같지만 참으로 설명이 잘 안 되는 풍토가 아닐 수 없다.

# 8. 타게스샤우 내용적 특성

타게스샤우는 정치뉴스 프로그램이라 해도 과언이 아닐 정도로 정치뉴스가 많다. 여기서 정치뉴스라 함은 단순히 의회소식과 의원동정만을 의미하지 않는다.

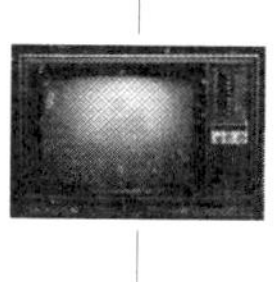

# **8.** 타게스샤우 내용적 특성

## : 정치뉴스가 압도적이다

타게스샤우는 정치뉴스 프로그램이라 해도 과언이 아닐 정도로 정치 뉴스가 많다. 여기서 정치뉴스라 함은 단순히 의회소식과 의원동정만을 의미하지 않는다. 폭넓은 의미에서 보면 내각에서 각종 정책 입안과 의회토론을 포괄하고 나아가서 국제정치뉴스도 포함한다.

특별한 날을 제외하고는 정치뉴스가 매일 톱뉴스 블록에 편집된다. 우리식 편집감각처럼 정치뉴스가 재미없고 시청률을 갉아먹는다는 선입견은 없는 것 같다. 정치뉴스가 거의 절반을 차지하는 것은 내각책임제 권력구조에서 오는 측면도 있다. 다양한 정파의 정치적·정책적 의견을 소상히 전한다. 입장 차이를 보이는 정책에 대해 정파별 시각이 편중되지 않게 반영한다. 정당책임자 등 거물급 정치인의 뉴스 등장빈도가 머우 높다. 총리도 예외는 아니다.

: 국제뉴스가 많다

독일이 세계 최강대국은 아니다. 허나 유럽과 유럽연합에서는 주도적인 역할을 하고 있다. 특히 동부유럽에서 독일의 입김이 강한데 그만큼 독일 경제력을 우위에 둔 국제정치학 힘의 역학관계에서 영향력을 발휘한다. 독일의 입장에서는 주변국들의 주요사안이 자국의 외교사안인 경우가 많다. 그러기에 국제뉴스의 비중이 크다. 특히 유럽뉴스는 자국뉴스보다 비중이 클 정도이다.

독일이 세계정치를 호령하는 미국 같은 초강대국의 위치는 아니지만, 적어도 뉴스에서는 국제뉴스 비중으로 보아 초강대국의 면모를 하고 있다. 그리고 이들 뉴스를 전 세계에 나가 있는 자사 특파원 리포트로 커버한다. 아주 불가피한 경우 말고는 자사 특파원의 리포트를 우선시한다.

자사 특파원 리포트에 CNN, Reuter 등 화면을 서비스하는 방송사의 그림을 입히는 경우는 드물다. 또한, 특파원들 대부분이 경력과 경험이 많은 중견 기자들이다. 임기제로 3년마다 교체하는 방식이 아니다. 지역전문가급으로 장기간 한 임지에 근무하는 특파원들이 많다.

지금 싱가포르 특파원으로 있는 헤르트켐퍼 특파원은 아시아에 발을 들인지 20여 년이 된다. 먼저 일본특파원으로 부임해서 중간에 함부르크 본사에 갔다가 뉴욕에 잠시 갔다가 중국에 부임했다. 현재는 싱가포르를 커버하고 있다. 지난번 일본 지진 때는 오사카에 투입되기도 했다.

# 9. 타게스샤우 리딩 원칙

독일 ARD방송의 홈페이지에 들어가면 <20년 전 오늘>이라는 코너가 있다. ARD의 간판 뉴스인 타게스샤우가 20년 전에는 어떻게 보도했는지 요약해 놓은 코너인데 당시 뉴스를 담당했던 남녀 아나운서들을 추억의 영화처럼 만날 수 있다. 여러 명의 아나운서 가운데 다그마 베르크호프Dagmar Berghoff의 얼굴을 보니 그녀가 타게스샤우 뉴스를 읽던 모습이 떠오른다.

# 9. 타게스샤우 리딩Reading원칙

타게스샤우는 표준 뉴스를 지향한다. 아나운서 리딩의 정확성을 생명처럼 여긴다. 개성적인 리딩이 아니라 정확한 발음과 고른 톤이 특징이다. 그래서인지 타게스샤우 담당 아나운서들의 리딩톤은 거의 비슷하다. 그걸 정리하면 아래 표와 같다.

| | |
|---|---|
| 시청자를 위한 텍스트가 없다 | 한 번밖에 못 듣는다 |
| 간단하게 | 간단명료, 직접적인 표현일수록 더 좋다. |
| 적게 더 많이 | 짧은 문장, 한 문장에 한 가지 생각, 정보를 나눈다. |
| 말하듯이 쓴다 | 주어+ 술어 문장. 부사로 시작하지 않고 전치사도 되도록 드물게 사용한다. |
| 다이내믹 기술 | 능동태 문장, 긍정적인 문장, 동사를 많이 사용한다. |
| 인간적인 표현 | 추상적 개념을 회피, '출산율 저하' 보다 '아이 적게 낳는다'를 사용한다. |
| 시간 엄수 | 저녁 8시, 아이템 변경 명확하게 체크한다. |

| 정보 유념 | 문장 내 새로운 것, 특히 숫자를 체크한다. |
| --- | --- |
| 과감하게 삭제 | 의심나면 제거한다. |
| 시청자를 생각 | 관련 사항을 설명하고, 근거를 명명한다. |
| 정보 외 나머지는 불필요 | 코멘트하고 추측하지 않는다, 정보원 명시 인용을 명확하게 한다. |
| 잘 쓰고 고쳐 쓴다 | 모든 단어의 정확성과 사실부합여부, 문장구조를 확인한다. |

：미스 타게스샤우 아나운서

독일 ARD방송의 홈페이지에 들어가면 <20년 전 오늘>이라는 코너가 있다. ARD의 간판 뉴스인 타게스샤우가 20년 전에는 어떻게 보도했는지 요약해 놓은 코너인데 당시 뉴스를 담당했던 남녀 아나운서들을 추억의 영화처럼 만날 수 있다.

여러 명의 아나운서 가운데 다그마 베르크호프Dagmar Berghoff의 얼굴을 보니 그녀가 타게스샤우 뉴스를 읽던 모습이 떠오른다.

베르크호프, 이름이 좀 남성적으로 들리지만 이 아나운서는 당시 ARD의 아이콘 같은 존재였다. 그녀는 1976년 여성으로서는 처음으로 타게스샤우 담당 아나운서가 되었다.

당시까지 남성들만 뉴스를 읽었던 풍토에 비추어 보면 파격적인 발탁이고 실험이었다. 그러나 대성공이었다. 그녀가 하고 나오는 머리스타일은 유행이 되었고 심지어 독일 할아버지들이 그녀의 모습을 보기 위해 저녁이면 정장 차림으로 거실에 정좌하고 기다린다는 말이 들릴 정도였다.

인기 만점이었다. 명성도 명성이지만 베르크호프 아나운서가 뉴스 읽는 스타일이 ARD 타게스샤우 상징이 되어 버렸다.

독일 호텔방에서 아주 오랜만에 8시 뉴스를 보니 20년 전이나 10년 전 변함없는 그 모습 그대로이다. 뉴스 아나운서의 얼굴만 바뀌었을 뿐 태도, 분위기, 전달 방식 등은 한 치의 변화도 없이 그대로이다.

이점이 바로 타게스샤우의 강점이다. 세상은 부단히 변하는데 타게스샤우는 포맷이나 시간대 그 어느 것 하나 변한 것이 없다. 남들은 변해야 이긴다고 궁리를 하고 있는데 타게스샤우는 전통의 양식을 지킨다는 게 경쟁력이고 전략이다. 변하지 않고 그대로 있다는 게 타게스샤우의 강점이라니 아이러니가 아닌가?

그렇다면 타게스샤우의 아이콘인 다그마 베르크호프 스타일이란 도대체 무엇인가.

베르크호프 스타일이란 점잖은 모습으로 아나운서가 뉴스 스크립트를 읽는 방식이다. 물론 필요할 때 기자 리포트도 나온다. 아나운서들의 발음은 정확하고 차분하다. 지극히 독일적이라고나 할까. 담백하고 정돈이 되어 있다.

그날의 국내외 중요한 뉴스를 압축해서 요점만 전한다. 스포츠, 문화, 재미난 일상사 등은 거의 다루지 않는다.

미국식 뉴스 포맷에 길들여진 우리가 보면 재미가 덜하고 촌스럽기 짝이 없다. 베르크호프 아나운서는 손에 들고 있는 뉴스 스크립터가 화면에 보이는 자세로 읽는다. 무표정에 마치 기계가 읽는 듯한 톤으로 전달한다. 정부 대변인이 뉴스를 한다는 우스갯소리도 있을 정도이다.

그녀는 정년퇴임 날까지 뉴스를 읽었다. 한국 텔레비전 뉴스에서는 불가능한 상황이다. 한국에서는 나이 든 여자 아나운서가 뉴스를 진행하는 것을 한 번도 본 적이 없다. 모든 것이 젊은 시청자 위주로 움직인다. 이런 풍토에서 그런 전문적 연륜을 쌓은 아나운서가 뉴스 읽는 모습을 보는 것은 불가능한 기대이리라.

독일도 많은 민영방송이 화려한 포맷과 다양한 방식으로 뉴스를 재미있게 전하려고 시도하고 경쟁도 치열하다. 특히 ARD와 경쟁사인 ZDF와의 선의의 경쟁은 치열, 그 자체이다.

ZDF의 모든 뉴스 전략은 타게스사우 공략에 맞춰져 있다. 타게스사우와 같은 유형인 호이테Heute가 뉴스 프로그램으로 맞서고 있지만 촌스런 타게스샤우의 아성을 무너뜨리지 못하고 있다.

왜 그럴까. ARD방송 책임자들의 뉴스에 대한 인식을 들으면 답이 나온다. 경영진들은 ARD를 정보 채널로 규정하고 있다. 종합 편성이지만 지향점이 명확하다. 그러기에 품질이 우수한 뉴스를 내보내야 한다는 소명 의식이 분명하고 거기에서 도출된 실행전략 역시 명확하다.

질 좋은 뉴스는 어디서 오는가. 실력 있는 기자를 배출해서 좋은 뉴스를 만드는 것 이외에는 답이 없다. 그래서 ARD는 전 세계에 특파원을 두고 있으며 독일 내에서 가장 많은 지역에 특파원이 나가 있다. 특파원 유지비용도 만만치 않다. 그러나 경영진의 철학은 확고하다. ARD 이사회

의장을 역임했던 노보트니는 이렇게 말한다.

"비용이 아무리 들더라도 특파원 취재망은 그대로 유지해야 한다. 재정적인 문제가 발생하면 오락 프로그램에서 비용을 절감해서 맞추면 된다."

이 철학은 지금도 변함없다. 특정인이 만든 개인적인 경영 철학이 아니라 ARD 조직의 철학이다. 그러니 자연스레 질 좋은 뉴스가 제공될 수밖에 없고 그렇게 좋은 뉴스를 내보내니 1등이 되지 않을 수 없다.

한국 공영방송의 경영진들이 귀를 열고 들어야 할 대목이다. 공영을 표방하면서 경영 실적을 낸다고 정보 기능을 걸핏하면 축소하고 뉴스 시간대를 옮겨 드라마 시청률로 승부를 겨루려는 천박한 인식이 우위를 점하는 풍토에서 공영정신은 그냥 헛소리일 것이다. 낙하산이나 다름없는 임명에 무슨 뉴스 철학이 있겠는가. 그러니 그걸 기대한다는 것은 아마도 난망한 일일지 모른다.

타게스샤우를 틀면 국내외의 그날 주요한 뉴스가 나온다. 시청자들의 기호에 맞추는 것이 아니라 뉴스 가치가 있는 사안과 정보를 저널리즘 기준으로 판단해 내보내는 원칙을 고수하고 있다. 시청률에 영합하는 뉴스를 하지 않는다는 것이다. 이것도 공영방송답다.

뉴스 시청률을 분 단위로 쪼개서 그래프를 작성해 무슨 기사를 시청자들이 많이 보니 그 시간대에는 집중적으로 자극적인 뉴스를 내보내는 것을 전략으로 삼고 잔머리를 굴리는 한국 뉴스 편집진들의 인식과는 많이 다르다.

시청률에 목숨을 걸듯 안 해도 1등 뉴스로 부동의 위치를 점하고 있는 타게스샤우이다. 통일의 급속한 물살이 쉼 없이 흘렀던 당시 1989년, 1990년 타게스샤우 뉴스를 보면 이 뉴스가 얼마나 진지하고 빠르게, 또한 정확하게 독일통일의 역사적 순간을 카메라와 기자 리포트에 담았는지 여실히 드러난다.

# 10. ARD 해외특파원

ARD 이사회 의장을 역임했던 방송인 노보트니는 분명하게 말한다. "오락프로의 예산을 줄이더라도 상주 특파원의 숫자를 줄여서는 안 된다. 지금은 속도시대이다."

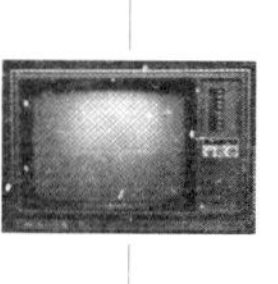

# 10. ARD 해외특파원

ARD뉴스가 중시하는 취재영역 가운데 하나가 해외 취재이다. 해외 취재의 비중을 보면 그들이 생각하는 국제뉴스의 중요성을 짐작할 수 있다.

타게스샤우에는 정치뉴스가 압도적으로 많은데 국내정치 못지않게 해외 각 지역의 뉴스를 비중 있게 다루고 있다. 타게스테멘 역시 외신을 비중 있게 다루고 있다. 비중 있게 다루는 만큼 해외 상주특파원의 활동이나 기사송고의 역할이 크다.

먼저 전 세계 26군데에 해외 상주특파원이 나가 있다. 라디오 특파원까지 합하면 특파원 숫자만 100여 명에 이른다. 전 세계 5대양 6대주에다 나가있다. 유럽은 물론 일본, 싱가포르, 뉴델리 그리고 중국에 있는데 중국에는 두 군데 도시에 상주특파원을 두고 있다.

많이 두는 만큼 많이 활용한다. 활용의 효과는 금방 나타난다. 1차적으로 국제뉴스를 보는 시선이 다르다. 시선이 다르므로 중요도가 달라지고 시청자들에게 한걸음 더 다가갈 수 있다.

뉴스의 품질제고를 특파원 뉴스의 질에서 찾고 있다. 특파원뉴스의 질이 높은 것을 타게스샤우 뉴스 품질과 우수성의 한 축으로 보고 있다. 독일의 국제적 위상이 우리 한국적 시각으로 그리 높지 않다고 생각할지 모르지만, 유럽에서는 그렇지 않다. 대국이다. 국력이나 역할, 역량 면에서 강자이다.

특히 동유럽에 미치는 정치·경제적 영향력은 압도적이다. 현재 싱가포르 특파원으로 근무하고 있는 헤트켐페의 글을 인용해보자. 그는 ARD 연지年紙에 기고한 글에서 왜 특파원이 중요한지를 자세히 적고 있다. 일단 해외뉴스시장에서 ARD만의 목소리로 뉴스를 전달하는 것이 시청자에게 신뢰를 준다는 것이다.

현재 국제뉴스시장은 미국이 좌지우지하고 있다. 특히 뉴스전문채널인 CNN이 국제뉴스의 가치를 결정한다고 해도 과언이 아니다. CNN이 중요하다고 여기고 흥미롭다고 여기면 그게 전파를 타고 전 세계에 퍼진다.

어딜 가든 호텔방에서 CNN을 볼 수 있고 방송사에 CNN이 보낸 화면이 쌓여있다. 한국 텔레비전 방송사도 예외는 아니다. 해외 화제를 다 CNN에 의존해서 제작한다. 국제뉴스 자료화면에 의존하는 비율도 높다.

이 점에서 독일 텔레비전은 다르다. 민영방송은 어떨지 모르지만 ARD 타게스샤우에서는 CNN 자료를 보기가 쉽지 않다. 거의 안 쓴다고 보면 된다. 자체 필름으로 채운다.

즉 이렇게 CNN이 독점하고 있다시피 한 국제뉴스현장에서 자기만의 시각과 취재 그리고 화면이 필요하다는 것이다. 그게 시청자들에게 질 높은 서비스를 제공하는 것이다. 이런점은 타게스샤우만의 특징이다.

이는 우리에게 대단히 중요한 포인트이다. 이렇게 하는 것도 국력과 실력이 겸비되어야 가능한 것이다. 해외 자사 특파원이 보내온 기사와 취재내용을 신뢰하는 것은 그만큼 믿을 수 있고 능력 있는 기자를 내보냈기에 따라오는 결과이리라.


이쯤에서 한국 텔레비전 뉴스 해외특파원의 위상 내지 역할은 뭔가 생각해본다. 그 위상은 마치 뉴스의 구색 갖추기 차원 정도가 아닌가. 미국, 일본, 중국 등 주변 주요 국가는 몰라도, 그 밖의 지역 특파원이 보내는 기사내용은 그 나라 사정이나 우리 관심과 무관한 것들이 많다.

해외에서 일어난 재미난 뉴스가 우리에게 정보가 되고 도움이 되는가? 내보내놓고 국제뉴스 재미없다고 시청률 떨어진다고 투덜대는 편집진 사고가 아직도 편집 큐시트에 반영되어 있다. 그렇다면 뭐 하러 비싼 돈 주고 해외에 내보냈는가 묻고 싶다.

기껏해야 이상한 화젯거리를 찾아 해외뉴스 리포트라고 하나 보내는 게 역할인가. 해외 화제를 취재하러 나간 게 특파원의 기본 소임이 아니다. 이점에서 우리는 투입과 산출, 소정의 효과를 거두지 못하고 있다. 기본적으로 경영진의 철학이나 인식이 빈약하기 짝이 없기 때문이다.

그러면 ARD에서 특파원이란 무엇일까. 우선 특파원들이 아주 장기간 그 일을 수행한다. 지금 뉴욕 특파원으로 있는 로스 토마스는 환갑인데도 현역이다. 그는 20년 넘게 해외특파원으로 근무 중이다. 중간에 자기 소속사인 쾰른 WDR에 들어와 잠시 근무하기도 했지만, 특파원이 본업이고 전공이다. 요하네스버그에서 근무하다 모스크바에서는 무려 세 차례 근무했고 이어서 현재 뉴욕 근무를 하고 있다.

본인이 좋아하는 루게 특파원은 오래전에 은퇴한 할아버지이지만 그는 과거 러시아에서만 20년 넘게 근무했다. 그 정도가 되어야 소련통通으로 인정받는 것 아니겠는가. 실제 그는 좋은 리포트뿐 아니라 많은 책을 썼고 인맥도 상당하다. 앵커를 하려면 특파원으로 먼저 인정받아야 한다는 이야기도 있다. 그만큼 해외특파원의 위상이 높다. 해외특파원을 키우려고 사람에 대한 투자를 하고 키우고 있다.

그렇기에, 달랑 3년 하고 와서 특파원을 했다고 하는 명함용 이력은 좀 부끄러운 것 같다. 지금 한국에는 워싱턴 특파원 경험자가 부지기수인데 현역이든 퇴역이든 기억에 남는, 전문가로 대접받을 만한 워싱턴 특파원이 있는가. 이게 우리 자화상이다. 이게 우리의 현주소이다. 아침저녁으로 워싱턴 소식을 라이브로 전하면서 미국 정치사회를 양파 썰 듯이 설명해주고 짚어주는 기자가 있는가 묻고 싶다. 겉만 멀쩡하다. 겉포장만 따지면 세계 어디다 내놔도 손색없다.

ARD 특파원 리포트는 어떤가. 일본에 지진이 나자 헤트켐페 특파원이 마이크를 잡았다. 싱가포르 임지에서 보강 근무를 하러 일본으로 달려와 마이크를 잡은 것이다. 독일 저녁시간이면 그곳은 심야니 생방송으로 보이는 일본 도쿄의 뒷배경은 캄캄하다. 베이지색 바바리코트에 연륜이 묻어나는 얼굴, 처진 목소리로 일본 지진을 설명한다. 포장이 중요한 게 아니다. 정보를 전하는 게 우선이다.

개인적으로 그를 만났던 때가 기억난다. 그가 도쿄 근무 시 한국 취재차 왔을 때 임진각에서 만난 적이 있는데 참으로 오래도 일하는구나 하는 생각이 들었다. 그렇게 장기간 붙박이로 오래 하니 전문가가 되는 것이다.

특파원을 중시하는 시각 속에는 독일 자국의 이익보호라는 측면이 배어 있다. 지금은 전 세계가 실시간 무역전쟁 중이다. 독일은 수출대국이고 도처에 독일 제품이 나가 있다. 이런 경향을 수시로 체크하고 평가해주는 일은 중요한 일이다. 우리가 미국에 수출된 한국 자동차에 관심을 기울이는 것과 유사한 것이다.

이는 독일이 그만큼 전 세계적인 사건·사고를 독자적인 시선으로 바라보고 있다는 증거이기도 하다. 분쟁, 재난, 전쟁, 기아 등 도처에서 벌어지는 사건을 그들이 발로 뛰어가서 취재를 해오고 있다.

ARD 이사회 의장을 역임했던 방송인 노보트니는 분명하게 말한다.

"오락프로의 예산을 줄이더라도 상주 특파원의 숫자를 줄여서는 안 된다. 지금은 속도시대이다."

정치인들이 공영방송의 예산문제와 효율문제를 두고 시비를 걸어오면 ARD 간부들은 이런 논리로 당당히 방어하면서 맞선다. 전 세계가 뉴스 현장이고 현실인데 어느 구석에서 일이 벌어지든 독자적으로 자사 기자가 기사를 보내오고 바로 뉴스에 반영해야 한다고 말이다.

그런 식으로 기사가 되어 시청자에게 간다는 사실이 바로 신뢰의 근거이다. 그것 없이 어떻게 시청자의 신뢰를 얻겠는가. 비용이 많이 들더라도 순회 개념의 특파원이 아니고 상주를 두는 이유가 바로 이 신속성 때문이다.

과거에 ARD 특파원이 한국인들이 개고기 먹는 것을 리포트하기도 했지만, 단순한 해외 화제 보도는 미미한 정도다. 그들의 1차 관심은 그 사회가 돌아가는 데 중요한 정치적, 사회적 이슈들이다. 이것은 타게스샤우 편집 방침이기도 하다.

특파원들은 타게스샤우나 타게스테멘 등 정규뉴스 말고도 벨트슈피겔 같은 주간 매거진 프로그램에 많은 리포트를 보내고 있다.

우리처럼 특파원이 데일리 뉴스만 챙기는 구조가 아니다. ARD에는 PD 특파원이란 제도가 없다. 특파원 한 사람이 ARD의 이런저런 형식의 뉴스에 자유롭게 기여한다. 그렇게 해서 뉴스를 통해 세상을 널리 알리게 된다. 나라 안팎을 알리게 된다.

돌이켜보면 우리의 국제뉴스를 보는 관점은 마치 동물원 원숭이를 보는 것 같다. 참 딱한 일이다.

: 일본 지진보도

　자연재앙은 엄청난 고통이지만 뉴스 가치로는 최고다. 화면의 스펙터클성 때문이다. 쓰나미가 밀려드는 공포의 화면에 안방 시청자들은 전율한다. 실제상황이기에 그러하다.

　일본 지진과 원전사고는 일본에도 일대 충격이었지만 독일 정치판을 뒤흔들어 놓을 정도로 충격의 사건이었다. 쓰나미보다는 원전사고가 독일 유권자들의 환경 의식을 더욱 다독여 그 무렵 치러진 남부 바템뷔템부르크 주지사 선거에서 50년 아성의 기민당이 사민당 – 녹색당 연합에 패배했다. 그리하여 독일 역사상 처음으로 녹색당 주지사가 탄생하게 되었다.

　이러한 흐름은 처음부터 보도 속에 묻어 있었다. 3월 11일 타게스샤우를 보자.

　지진이 일본 시각으로 11일 오후에 발생했으니 독일은 10일 밤이었고 11일 뉴스에 일본 지진소식이 제대로 보도되었다.

　사안의 중대성을 고려하여 뉴스 타이틀이 뜨고 아나운서가 등장하는 게 아니라, 쓰나미 그림을 보여 주는 편집으로 시작했다. 15분 중 11분 동안 일본 지진을 보도했다. 사안의 중대성이 중대성인 만큼 이례적으로 거의 통으로 방송했다.

제목은 '일본에서 지진과 쓰나미'. '대참사', '재앙', 이런 자극적인 표현은 없었다.

타게스샤우가 저녁 8시 생방송이니 일본 시각으로 새벽 4시에 도쿄 필립 압레쉬 특파원을 불러냈다. 캄캄한 도쿄 시내를 배경으로 서서 설명했다. 화면을 반복해서 틀고 그래픽으로 나누어서 극적 효과를 노리는 편집도 없었다. 담담하게 보여 주었다. 롱테이크Longtake 화면, NHK의 주요 화면을 대부분 그대로 사용했다. 여느 타게스샤우 뉴스처럼 일본 후쿠시마 위치가 표시된 지도를 보여주었다.

독일의 원전 안전문제 리포트도 나왔다. 지진과 쓰나미도 큰 뉴스지만 독일 내 원전 안전성에 대한 경각심을 제고한 것이다. 이날 두 시간 반 뒤의 타게스테멘 종합뉴스에서도 일본 지진이 거의 통으로 다뤄졌다.

다른 뉴스는 리비아 사태와 유럽연합 소식 두 개 정도였다. 도쿄 특파원을 총 두 번 불러냈다. 도쿄 시각은 새벽이라 미명의 도쿄 시내에 목도리를 두르고 나온 특파원이 좀 추워 보였다. 역시 쓰나미가 몰려드는 영화같이 공포스런 장면은 반복해서 사용하지 않았다.


3월 12일, 하루 뒤부터 뉴스의 전체적인 톤이 바뀐다. 대표적인 외적 변화는 쓰나미 화면을 거의 비추지 않는 것이다. 대신 원전 안전성을 더 비중 있게 다뤘다. 이날 타게스샤우 톱 스토리 제목은 '원전 폭발', 그리고 나서 지도에 후쿠시마 원전 위치를 보여 주고 화면은 중계화면을 그냥 길게 보여줬다.

도쿄 특파원이 목도리를 두른 차림으로 현지에서 생방송을 한다. 이
날 편집의 특징은 일본 원전에 대한 독일 반응이다. 정부 대책부터 독일
국민의 반 원전 데모를 상세하게 다뤘다.

7분 정도는 일본 지진 관련 소식을 편집했다. 그날 타게스테멘 역시 톱
은 일본 지진 소식인데 편집 순서는 먼저 도쿄 현지특파원을 연결해 소
식을 듣고, 다음으로 원전 관련 독일 내 논쟁을 비중 있게 다뤘다. 여당,
야당, 시민단체, 사람들의 인터뷰가 나오고 특히 환경부 장관의 스튜디
오 인터뷰를 10여 분간 내보낸다.

집요하게 묻고 답한다. 뉴스전문 채널도 아닌데 시간을 비중 있게 할
애해 내보낸다. 생방송이니 생방송답게 처리한다. 스튜디오에 불러내서
질문하고 답하는 구색이 아니라 정말 라이브답게 그리고 충분한 시간을
두고 보여준다.

특파원 연결도 마찬가지이다. 이날도 도쿄의 필립 압레쉬 특파원이
두 번 등장했다. 한 번에 3~4개의 질문을 던졌다. 우리는 정말 대사건이
아니면 특파원을 불러내지 않는다. 불러내도 녹화가 많다. 진행상 깔끔
하게 처리하기 위해서다. 진행사고 방지도 이유 중 하나이다. 시차도 고
려된다.

그러나 독일은 다르다. 비싼 위성료를 내고 불러낸 만큼 충분히 묻고
답한다. 실제 단 한 차례 라이브 리포트를 하려고 해도 준비 시간 등을 합

치면 최소한 30여 분은 위성사용을 예약해야 한다. 만만치 않은 통신료
가 나간다. 그런 만큼 길게 내보내는 게 경제적일 것이다. 그러니 시차가
틀려 모두가 곤히 잠든 새벽에도 시내를 배경으로 마이크를 잡고 소식
을 전하고 있다. 라이브의 맛이다.

이틀간 독일 뉴스를 보면서 느낀 생각은 우리 한국 텔레비전에서 물
리도록 본 참상을 볼 수 없다는 것이다. 더욱 극적으로 보이게 여러 화면
을 동시에 편집하는 등 갖가지 기교로 만든 합성 화면이 일절 없다. '몇
명 사망' 등의 제목도 없다. '참상 현장 르포' 등의 제목 기사가 안 보인다.
차분하다. 감정개입이 없다.

대신에 구조 활동에 대한 보도가 비중 있게 처리된다. 구호단체들의
움직임도 자세하게 보도했다.

: 뉴욕무역센터 테러와 타게스샤우

울리히 비커트Ulrich Wickert.

파리특파원 출신의 타게스테멘 앵커였다. 지금은 은퇴했지만, 그가 한창 앵커석에 앉아있을 때 발생한 뉴욕무역센터 비행기 테러사건은 그에게 악몽으로 남아있다.

2001년 9월 11일 오후 2시 46분 비커트는 벨트 암존탁Welt am Sonntag 신문사 간부와 함부르크 시내에서 점심을 먹고 집으로 막 들어왔다. 옷을 다 벗으려는데 그때 전화벨이 울렸다.

"타게스테멘 팀의 누군가 전화를 걸어와 뉴욕센터 빌딩이 비행기에 부딪혀 폭파되었으니 얼른 사무실로 나와야겠다."는 것이었다. 그는 무슨 스포츠 경비행기가 부딪쳤나 하고 양복으로 갈아입고 집을 나섰다. 다시 전화벨이 울렸다. 아내였다. "여보, 여보 대형비행기 어머머, 두 개 탑에 들이 받혔대."

이미 시간은 오후 3시 4분이었다. 타게스샤우는 이미 오후 3시에 긴급 뉴스를 한 번 내보냈다.

뉴욕발 사고의 생중계였다. 비커트가 사무실에 들어섰을 때 ARD 화면은 코끼리의 모습이 나오는 동물 시리즈 화면이었다. 보도국은 아수라장이었다. "3시 49분 방송 들어갑니다." 보도국장이 소리 질렀다.

비커트는 회고한다. "나는 스튜디오에서 통신뉴스를 보고 설명을 했다. 앵커석 밖의 스튜디오는 황야의 벌판 같았다. 뉴욕 워싱턴을 부르고 연결 확인을 하고 난리였다. 그런데 뉴욕 특파원은 현장에 없었다."

그는 화면은 많았지만 정보는 적었다고 말한다. 당시 ARD 뉴욕 특파원은 캐나다 출장 중이었다. 자리 비우면 큰일 터진다고, 취재차 G8 회담에 간 바스 특파원은 속이 탔다. 대안이 없기에 우선 뉴욕 주재 라디오 특파원이 공백을 메꾸었다. 그러나 결과는 만족스럽지 못했다. 전문가들이 스튜디오 해설을 위해 긴급 투입되었다. 그래도 혼란상황은 지속되었다. 비커트 앵커는 물을 마신다고 하고 방송을 잠시 중단했다.

비커트는 방송이 새로운 소식과 사건을 정리한 뒤 코멘트하고 시청자들에게 정보를 줘야 한다고 생각했지만, 현장은 그런 상황이 못 되었다. 뉴욕 특파원이 부재중이었기 때문이다. 쏟아져 들어오는 통신뉴스가 맞는지 알 길이 없었다고 비커트는 회고한다.

비커트의 이러한 회의적인 진행을 놓고 뒤에 격렬한 미디어 토론이 벌어졌었다. 물론 여기에도 찬반양론이 있었다. 비커트가 소극적이었다는 측면과 비커트가 더 이상 잘할 수 없었다, 잘할 수 있었다면 아마도 그것은 추측 이외는 아무것도 아닐 것이다, 라는 양론이다.

비커트는 회고한다.

"비디오 화면은 넘쳤다. 그러나 현장에서 지속적으로 사건을 전해줄 기자가 없었다. 라디오 특파원도 결국 라디오에 전념하기 위해 텔레비전 리포트를 할 수 없었다."

캐나다에서 취재하고 있는 특파원의 그냥 거기서 할 수 있지 않는냐는 반문에 그는, "그렇다면 CNN 화면 보고 내가 하는 것과 뭐가 다르냐"고 반문한다.

그는 대재앙의 사건에서 현장 중계화면을 그대로 내보내는 것은 문제라고 지적한다. 시청자들을 위해 적절하게 화면을 걸러서 통제해주어야 한다는 것이다.

비커트는 자신도 그 영화 같은 붕괴의 끔찍한 화면 속 악몽에 시달렸다고 말한다. 그날 방송은 그에게 최악의 방송이었다. 방송 후에 집으로 돌아가는 길은 정말로 죽을 맛이었다고 회고한다. 비커트의 경험담에서 언론정신에 대한 중요한 몇 가지 쟁점을 만난다.


첫째, 현장 특파원의 목격과 자사 기사를 존중한다는 것이다. 아무리 그림이 넘치게 들어오더라도 자사 기자가 송고하고 설명해주는 현장 취재가 반드시 있어야 한다. 이는 특파원의 역할, 책임감에 대한 신뢰이다.

뉴스를 자사 특파원의 시각으로 내보내는 게 뉴스 서비스의 기본 정신이자 신뢰의 바탕일 것이다. 이점은 언론의 독립성으로 이해된다.

CNN을 틀어 놓고 그대로 동시통역해대는 우리의 방송태도와는 거리가 있다. 이러한 비커트의 인식은 뭘 모르는 답답한 사람의 인식으로 비칠 수 도 있다. 그러나 그건 방송을 그저 사고 없이 매끄럽게만 하려는 포장적 측면의 평가이고 내용이나 독립성 측면에서 보면 그렇지 않을 것이다.

두 번째는 화면을 걸러서 내보내야 한다는 점이다. 대형 사건·사고를 현장감을 살린다고 그대로 내보내는 것은 그 자체가 악몽이다. 이러한 화면 통제에 대한 생각은 타게스샤우 뉴스의 일반적인 지침이기도 하다. 피 흘린 장면은 반드시 가리고 내보낸다.

일본에 지진이 났을 때도 철저하리만큼 화면이 차분했다. 자극적인 게 능사가 아니라는 것이다. 대형사고가 나면 하루 종일 편성표를 열어 놓고 중심축이 어딘지도 모르면서 시간을 메우느라 이것저것 가리지 않고 산더미처럼 내보내고, 매끄럽게 잘됐다고 자평의 하품을 하는 우리와는 대조적인 시각이다.

비커트의 술회述懷를 읽으면서 특파원의 존재 의미, 기사의 신뢰, 현장 보도의 중요성을 다시 한 번 생각하게 됐다.

# 11. TV 특파원의 원조 루게

게르트 루게Gerd Ruge는 우리에게 생소한 이름이다. 한국 텔레비전에 얼굴을 내민 적도 없고 한국적 정서와 거리감이 있는 독일의 저널리스트이기 때문이다. 하지만 적어도 저널리스트라는 이름을 붙이려면 이 정도의 연륜과 경륜이 있어야 하지 않을까? 그의 이름을 떠올리면서 하는 생각이다.

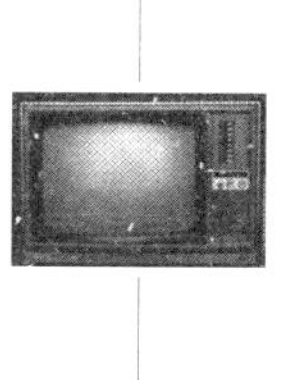

# 11. TV 특파원의 원조 루게

: 한 권의 책 쿠데타

자극적이다. 제목도, 표지도.

포켓판 형태의 작은 이 책이 나의 눈길을 사로잡았다. 책이름이 『쿠데타』다. 부제는 '세계를 바꾼 4일간의 기록'으로 적혀 있다. 기억도 가물가물한 20년 전 1991년 8월 19일부터 4일 동안의 러시아혁명에 관한 기록이다. 고르바초프의 실각과 옐친의 등극을 그린 모스크바 특파원의 리포트 기록물로 저자는 게르트 루게Gerd Ruge다.

독일 ARD방송 모스크바 특파원.

나는 루게라는 이름을 발견하고 책을 빠르게 넘겼다. 그리고 내가 왜 이 책을 사두었는지 과거 시간을 복기하기 시작했다. 독일통일 과정에서도 그의 모스크바 리포트를 자주 접할 수 있었다. 특히 그는 독일이 소련과의 통일 협상에서 외교적 노력을 경주할 때 좋은 소식을 많이 전해왔다.

물론 쿠데타는 독일통일에 관한 책이 아니다. 나는 루게 기자의 전달 방식에 관심이 있었고 그래서 그의 책을 참고삼으려고 사두었던 것이다.

좀 자극적인 제목인 쿠데타는 그와 ARD 모스크바 지국 동료 기자들의 리포트를 모은 기록이다. 루게는 은퇴했지만 그 책의 공저자인 토마스 기자는 51년생 환갑인데도 뉴욕 지국장 겸 특파원으로 아직 현역이다.

통상 기자들의 리포트물이 그대로 책이 되는 경우는 드물다. 일일 보도는 그 순간이 지나가면 그냥 날아가 버리는 데일리 보도물의 속성인데, 루게 기자의 당시 텔레비전 리포트 기록이 책으로 엮어져 나왔다는 것은 남다른 의미가 있는 일 아닐까.

그만큼 그들의 기록이 역사적 가치가 있다는 것이다. 독일통일을 이야기해야 하는 나의 입장에서 왜 모스크바 이야기를 하면서 서두를 시작했는가를 설명하겠다.

모스크바 페레스트로이카가 동유럽 철의 장막을 허물고 결국 동독으로 남진하면서 독일통일이 이뤄진 것은 다 아는 바이다. 그 역사적 사실의 복기가 나의 주된 목적은 아니다. 그러한 대 변혁의 역사적 순간을 독일 언론이 어떻게 보도했는지를 보려는 참에 루게 기자의 보도 방식이 떠올랐고, 그의 보도 태도나 리포트 전개 방식이야말로 그러한 역사적 사건을 보는 본질적인 힘이라는 생각에 도달한 것이다.

같은 기자 출신으로서 루게 기자는 본받고 싶을 만큼 기사를 아주 정갈하게 잘 정리 했다는 평가를 하고 싶다. 한 사람의 기자가 사건을 보도하는 태도와 그 내용에서 사안을 보는 눈을 볼 수 있고 사안을 다루는 철학적 입장도 볼 수 있다.

우리가 그러한 것을 체계적으로, 학문적으로 입증하는 것이 이 글의 본질은 아니기에 이 정도 하기로 하고, 독일 언론보도 양식의 한 전형으로 그가 남긴 보도를 살펴볼 일이다. 기자마다 스타일이 다르겠지만 루게 기자를 통해 독일 저널리스트들의 기사작성 리포트 전형을 파악할 수 있다.

루게 기자를 따라, 먼저 모스크바로 가보자. 모스크바 연방 해체의 촉발로 시작된 혁명, 고르바초프 페레스트로이카라는 이름의 개혁개방이 저항에 부딪치면서 1991년 8월 19일, 러시아 텔레비전과 라디오 방송에서 비상사태 선포 방송이 나온다.

그때가 1991년 8월 19일 아침 6시였다. 모스크바 독일 ARD 지국은 비상이 걸렸다. 아침 7시에 카메라 팀이 붉은 광장으로 달려갔다. 루게 기자는 쇼킹한 정부 발표에 모스크바 중심의 분위기가 어떠한지 현장을 보기 위해 달려간 것이다.

그때 아마도 그의 심장이 고동쳤으리라. 간단한 사안이 아니기에 마음속에서 이미 흥분된 어조의 가상 기사가 작성되었을지도 모른다.

: 영원한 특파원, 기자 루게

게르트 루게Gerd Ruge는 우리에게 생소한 이름이다. 한국 텔레비전에 얼굴을 내민 적도 없고 한국적 정서와 거리감이 있는 독일의 저널리스트이기 때문이다.

하지만 적어도 저널리스트라는 이름을 붙이려면 이 정도의 연륜과 경륜이 있어야 하지 않을까? 그의 이름을 떠올리면서 하는 생각이다.

그는 1928년생이다. 한국 나이로 여든이 훌쩍 넘었다. 인생의 황혼기에 접어든 할아버지이다.

지금은 은퇴해서 조용한 생활을 하고 있다. 그가 정열적으로 활동하던 시기는 1990년대로 지금으로부터 20여 년 전이다.

당시 이미 예순이 넘었지만, 현장에서 발로 뛰는 백발이 성성한 기자였다. 독일 텔레비전 기자들의 정년이 몇 살인지 모르겠지만 그 나이에도 현장에서 마이크를 잡고 리포트를 한다는 게 바로 평생 마이크를 잡는 일이 아니겠는가?

턱수염을 기르고 약간 허스키한 목소리를 가진 그는 아침저녁으로 텔레비전에서 역사의 물결을 돌리는 변혁의 소용돌이를 전하고 해설했다.

잠시 그의 이력을 보면 1956~1959년, 1977~1981년 그리고 1987년부터 3차례 모스크바 근무를 한 소련 베테랑이다.

이 정도로 한 분야에 집중하고 매진해야 전문가 취급받는 것이 아닐까? 3년 달랑 근무하고 와서 특파원을 했다고 이력서를 내미는 우리와는 풍토가 다르다. 우리는 미국 외에 다른 지역 특파원은 인기가 없는 편중 현상도 심각하니 말이다.

이렇게 장기간 여러 차례 특파원으로 일하는 풍토는 독일 미디어의 특징을 잘 나타내준다. 이와 같은 분위기는 전문가적 기자의 부상을 가능케 했을 것이다.

한국에서는 불가능한 현실이다. 물론 한국에도 신용석, 이도형 등 프랑스와 일본에서 장기간 특파원으로 활동하면서 필명을 날린 기자들이 있기는 하지만 텔레비전 특파원 제도는 여전히 형식적인 굴레에 있다 해도 무리한 평가는 아니다. 루게 기자처럼 장기간 특파원을 한 기자도 없거니와 제도적으로 허용되어 있지 않다.

한국 현실에서 특파원은 한 차례 3년이면 족하다. 그 이상 근무하게 되면 특혜이다. 그 사람의 능력이나 적성은 아무 소용없다. 누가 특파원으로 가든 말든 그런 식의 인식이 팽배해서 순번대로 나가게 된다.

그러니 우리가 아무리 미국을 중시한다 해도 정말 미국을 잘 아는, 루게 같은 특파원은 나올 수 없다.

# 12. 타게스샤우 논쟁

기사당의 스토이버 주지사와 기민당 소속 작센 주의 비덴코프 주지사가 공동으로 제시한 문건의 공식명칭은 '공영방송 구조개혁을 위한 테제These'였다. 16개 항으로 된 테제의 기본 논점은 'ARD를 없애라'는 주문이었다.

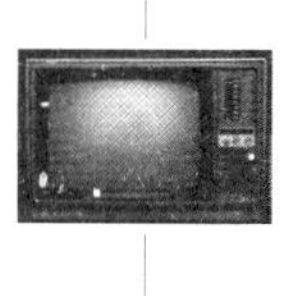

# **12.** 타게스샤우 논쟁

: 정치와 텔레비전

텔레비전의 등장은 정치패러다임을 바꾸어 놓았다. 정치에서 당 회의나 지역회의 등 여러 유형의 회의를 통한 의사결정과 현장영역이 있지만 그걸 일시에 장악해 버린 것이 텔레비전이다.

대중들은 정치인들의 육성을 텔레비전 화면을 통해 직접 듣고 있다. 그러니 더는 정치면의 깨알 같은 글씨를 찾아 읽지 않아도 된다. 텔레비전의 전파를 타는 게 정치의 중요한 영역이 되어 버렸다.

정치인들이 하는 우스갯소리가 있다.

"나쁜 일이라도 존재감을 드러내기 위해 화면에 나가야 한다."

이 말은 즉, 일일이 유권자들을 찾아다니지 않아도 텔레비전에 많이 나온 사람이 친근감을 주고 인지도가 높다는 것이다.

텔레비전 스타가 대중 정치의 스타가 될 확률도 높아졌다. 텔레비전에서 얼굴을 많이 내밀다 정치에 입문하는 경우가 부쩍 늘었다. 정치인들에게는 화면을 통해 알려지는 것이 정치행위이다.

텔레비전이 정치를 하고 있다. 무슨 정책을 만들었다는 것보다는 텔레비전 화면에 나오는 것이 정치 활동의 증거이다.

화면 출연 빈도수가 정치적 비중을 의미한다. 실제 주요한 정치인들이 텔레비전에 자주 등장한다. 한국이나 독일이나 어디든 매한가지다. 그들의 일거수일투족이 정책의 방향에 영향을 미치기 때문이다.

정치가 텔레비전을 통해 중개 되다 보니 화면의 미적 포장문제가 제기되고 있다. 전당대회를 해도 잘 포장되어서 나가야 하고 정치인의 대외적 포장이 지지의 중요한 토대가 되고 있다. 포장은 속성 면에서 정치와 궁합이 맞다. 정치인들도 그럴듯하게, 정치도 그럴듯하게 포장되는 것이 우선이다.

이를테면 국회에서 의원들이 토론하는 것을 중계한다고 치자. 토론자로 나선 의원만 클로즈업해서 비추면 의원석에서는 무엇을 하는지 알 바 없다. 그것만 놓고 보면 정치는 치열한 토론을 거치는 생산적인 활동으로 비친다. 그렇게 텔레비전 카메라앵글은 단면 또는 일면을 통해 전체파악이 어렵게 하는, 의도적이든 의도하지 않았든 작위의 가능성이 있다.

얼마든지 텔레비전을 통한 연출이 가능하고 실제 무수한 연출이 이뤄지고 있다. 여론은 텔레비전을 통해 미적으로 가공돼서 시청자들에게 유권자들에게 다가간다. 여기에 함정이 있다. 겉만 번지르르한 정치인이 탄생할 수 있다는 것이다.

화면에서 볼 때는 대단한 줄 알았는데 실제 정치현장에서 그의 능력이 들통 나는 경우도 허다하다. 전국적으로 지명도가 높은 앵커출신이 출마했다가 낙선하는 사례도 보았다.

대중매체가 대중 정치를 주도한다. 독일정치학자 마이어는 정치가 미디어에 종속되어가는 경향을 '미디어를 통한 정치의 식민지화'라고 규정하고 있다. 미디어에 등장해야 한다는 강박관념이 정치인들을 미디어의 포로로 만들어가고 있다.

심하게 표현하면 목을 매고 있다. 이러다 보니 미디어를 통한 정치적 조작도 이뤄지고 상징도 이뤄지고 있다. 본질이나 내용과 다르게 화면을 통해 비치고 알려진다. 텔레비전을 통해 정치적 발언기회를 얻고 드러내는 것이 중요하다. 여당에게 기회를 주면 야당에도 기회를 달라는 정치적 신경전은 일상이다.

이른바 기회균등론이 고개를 치켜든다. 독일 공영텔레비전이 방송위원회를 구성하면서 정당과 사회 각계각층을 안배하는 것도 이러한 기회가 특정 정파나 세력에게 쏠리는 것을 방지하기 위해서이다.

: 나치의 악몽

손기정 선수가 두 손을 치켜들고 결승선을 통과하는 감격의 흑백화면을 기억할 것이다. 일장기를 가슴에 안고 죽을힘을 다해 달려 올림픽 마라톤 우승의 신화를 이룬 그가 뛴 올림픽이 베를린 하계올림픽이다.

1936년 우리나라는 일제식민지 치하에 있었기에 손기정 선수가 태극기를 달지 못하고 일장기를 다는 설움을 받았다. 하지만, 그해 올림픽은 독일인들에게 아주 중요한 텔레비전 역사의 장으로 기록되어 있다.

독일 미디어학자 헤이츠 코너에 따르면 스포츠 생중계를 처음 한 것이 바로 베를린 올림픽이다. 1935년 3월 22일 세계 최초로 정규 프로그램을 텔레비전으로 송출하는 데 성공한 독일은 이듬해 1936년 8월 16일 열린 제11회 올림픽에서 텔레비전 중계를 라이브로 하는 데 성공했다.

당시 3대의 중계 카메라를 이용했는데 16만여 명이 텔레비전을 통해 올림픽경기를 시청했다고 한다. 나치는 올림픽을 중계함으로써 대내외에 이미지를 개선하는데 크게 성공했다.

파리 점령 때에도 텔레비전을 유럽전역에 선전도구로 활용했다. 선전도구는 2차 세계대전에까지 이어졌다. 텔레비전이 국가사회주의의 도구가 된 것이다. '지도자가 명령하면 우리는 따른다'는 괴벨스의 말이 실감 난다.

2차 대전에서 승리한 연합군은 미디어가 국가체제의 도구가 된 데 강한 반감을 품었다. 그래서 그들이 독일로부터 항복을 받아내고 제일 먼저 구상한 것이 미디어를 국가의 영향에서 분리해내는 작업이었다.

미디어가 정부 영향에서 자유로워야 한다는 것, 그래서 탈 중앙적으로 되어야 하고 그러기 위해서는 연방구조로 재구성되어야 한다는 게 연합국의 기본구상이었다.

나치의 사전검열은 악몽이었다. 심지어 기자회견에서 나온 내용을 외국 기자에게 알려주었다고 해서 종신형에 처한 예도 있다. 미디어는 국가의 예속체제 아래 있었다. 우리 언론사에서도 언론 통제를 하고 검열을 자행했지만, 나치야말로 국가언론통제의 전형이라고 할 수 있다.

선전이라는 개념을 현실화한 장본인들이 나치였다. 모든 미디어가 프로파간다였다. 그렇기에 이 악몽의 청산, 악몽의 재발방지장치를 만드는 게 전후 독일의 방송체제를 새로 세우는 데 필수 사항이었다.

이리하여 각 주에 독립적인 지역방송이 세워졌고 이들이 연합해서 실권 없는 중앙 채널인 ARD를 만들자는 구상이 나왔다.

: 촌놈도 한번 나가보자

독일의 정치지형을 보면 북쪽과 남쪽이 확연히 다르다. 남쪽 바이에른, 바템뷔템부르크 등은 보수성향이 강하고 북쪽은 사민당이 전통적으로 강하다. 남부는 보수, 북부는 진보색채가 강하다.

사민당의 브란트는 북부 항구 뤼벡 출신이고 보수거물 슈트라우스는 뮌헨출신이다.

특히 바이에른은 기사당의 독립적인 아성이나 다름없다. 지역색이 정치에 그대로 반영되는 구조를 갖고 있다. 그렇다고 지역당이 지역에만 머무는 것이 아니라 기민당과 연합정권을 형성, 중앙정부의 집권에 참여하고 있다.

현 메르켈 정권도 기민당, 기사당, 자민당 등 3개 정당이 연정을 구성하고 있다. 지역기반을 이루고 있는 지역색채가 다르기에 정치성향과 그에 따르는 일련의 사회단체 등의 색깔 역시 다르다.

어느 주가 좀 더 잘살고 산업기반이 좋고 하는 차이는 있을지 몰라도 주마다 독립적이고 자기 고유 목소리가 강하다. 어느 일방의 독주가 허용되지 않는다. 지역방송은 그 지역뉴스에 충실하다.

그러나 지역에서 그야말로 용꿈을 꾸는 대권 지망 정치인들은 지역뉴스에 등장하는 것으로 성이 차지 않는다. 바로 스토이버가 그러한 경우였다.

그는 늘 ARD 뉴스가 불만이었다. 공영방송의 뉴스에 불만 토로는 물론 ARD 폐쇄를 거론한 이는 스토이버가 처음이 아니다.

아이러니하게도 독일 보수당인 기민당이나 기사당의 거물들이 공영방송에 반감이 강했다.

초대 총리인 아데나워가 그랬고 콜 총리도 그랬다.

아데나워는 당시부터 보수당에 우호적인 민영방송의 허가를 구상했었다. 그런 면에서 보면 독일 공영방송의 역사는 당이나 행정부의 압력에 대항하는 사수투쟁의 역사라 해도 과언이 아니다.

한국의 공영채널은 정권이 바뀔 때마다 정권의 구미에 맞는 사장이 임명되고 이사회도 그런 성향의 사람들로 채워졌다. 정권에 따라 오락가락을 반복하고 있다.

공영의 진정한 의미가 뭔지 반문하게 하는 대목이다. 정권의 성격이나 이념에 따라 왕복달리기하는 자세가 공영의 기본자세는 아닐 것이다. 이러니 뉴스가 신뢰를 얻기 어려운 것이다.

다시 원래 논의로 돌아오자. 바이에른 주는 유럽대륙에서 웬만한 국가보다 큰 규모를 자랑하지만 독일의 한 주에 불과하다. 물론 바이에른은 부유하다. 아주 독특하다. 개성적이다. 바이에른 뮌헨이라는 축구 구단은 우리에게도 낯익은 이름이다.

말이 공영이고 지역균형을 도모한다지만, 남쪽 출신의 정치인들은 정계진출의 기회가 별로 없다고 여겼다. 북쪽의 사민당이 장악하고 있는 주들이 정치를 좌지우지하고 있는 현실에 선거 여론조사에도 조작의혹이 생길 정도로 차별이 있다고 늘 의심하는 정치인들이었다.

스토이버는 골수 바이에른 출신의 정치인이다. 그는 정계가 촌놈을 무시한다고 여겼다. 기회가 균등하게 오지 않는다고 타박했다. 그는 태생이 바이에른 주이고 뮌헨대학을 나와 주 정부에서 일하며 정치인의 꿈을 키운 사람이다. 그는 바이에른의 황태자 자리를 넘어 수상이 되려는 꿈을 꾸었고 현 메르켈 수상을 제치고 2002년 출마했다가 사민당 쉬뢰더에게 패배했다. 기사당에서 대권에 도전하는 기회가 드문데 실패한 것이다.

그가 출사표를 던지면서 한 말이 기억난다.

"정치에 입문할 때는 아무것도 계산할 수 없다."

스토이버는 정계에서 은퇴한 상태다. 그는 일찍이 이런 텔레비전 내부의 지방 홀대를 천부적으로 의식해 민영방송 도입을 주장해왔다.

결국 민영방송이 80년대에 도입되었다. 이는 기민당 정권의 공약 사항이었기에 기민당은 민영 텔레비전을 아군으로 여기면서 언론플레이를 할 수 있는 기반을 만들었다. 그러나 공영은 달랐다. 운영구조상 수상의 휘하에 둘 수가 없는 구조다.

거기에 주요 간부를 정치적으로 밀어준다든가 사장으로 옹립한다는 것은 현실적으로 불가능하다. 그래서 우파 정치인들이 일찍부터 상업방송 도입을 주장한 것이다.

특정 당과 친밀감을 유지하고 심정적으로 동조하는 기자는 있을 수 있으나 우리처럼 노골적으로 친여·친정부인사를 공영방송의 수장에 앉히는 거사가 불가능하다. 그래서 불만이 생겼다. 자신의 얼굴이 텔레비전에 많이 비치길 원하는 것은 동서양 어딜 가든 똑같은 게 아니겠는가?

대권을 지향하던 스토이버는 자신의 정치적 고향인 지역 바이에른 방송에 매일 나와서 지역민들과 소통하는 것도 중요하지만 ARD 전국 뉴스에 나오는 기회가 절실했다. 전국방송에 얼굴을 내밀어야 전국 인물이 된다는 원격 진취적 사고인데 그게 정치의 일반적인 상식이다.

스토이버가 ARD 개혁안을 들고 나온 것도 이러한 배경이 바탕이었다.

: ARD를 없애자

기사당의 스토이버 주지사와 기민당 소속 작센 주의 비덴코프 주지사
가 공동으로 제시한 문건의 공식명칭은 '공영방송 구조개혁을 위한 테
제These'였다. 16개 항으로 된 테제의 기본 논점은 'ARD를 없애라'는 주
문이었다.

두 명의 보수당 주지사가 제기한 이 테제는 격렬한 사회적 토론을 유
발했고 공영방송에 대한 일대 인식전환의 계기가 되었다. 법학자이자
베를린 자유방송 사장을 역임한 권터 헤르만은 이에 대해 법률적·사실
적 반박문을 게재한 바 있다. 이 가운데서 우리의 이목을 끄는 대목은 4
번째 항에 있는 '다양성 속에 단일성, 단일성 속에 다양성'이다.

알다시피 독일은 2공영체제이다. ARD 외에도 ZDF라는 마인츠에 있
는 공영방송이 또 하나 있다. ZDF의 특징은 ARD처럼 지역방송을 거느리
지 않고 단독 방송으로 전국을 커버한다는 점이다. 각 주의 컨소시엄 형
태로 일부 시청료를 보조받아 운영되고 방송위원회를 통해 관리 감독을
받는 공적 형태를 취하지만 쉽게 말해 지역 제휴사가 없다.

다양성 논쟁은 바로 ZDF를 염두에 두고 하는 발언이다. ARD는 여러
지역방송이 연합해서 만드는 채널이지만 방송사 한 곳에서 만드는 ZDF
보다 다양성에서 뒤처진다는 평가이다.

이를테면 ZDF는 <랜더슈피겔Laenderspiegel>이라는 프로그램을 통해

각 지역의 소식을 충실하게 전달하는데 ARD는 각 지역네트워크가 전국적으로 있는데도 불구하고 그러한 다양성을 반영하려는 노력이 상대적으로 부족하다는 지적이다.

두 번째는 '논조 경쟁'이라는 용어를 둘러싼 논쟁이다. 6항에 적시되어 있는 문구인데 '경쟁'이라는 단어가 공영방송에는 적합하지 않고 민영 상업방송에나 적합한 용어라는 것이다. ARD는 헤센 방송이 이끄는 바이에른 방송이나 남서독 방송과 '논조 경쟁'을 하는 경쟁 관계가 아니라는 것이다.

8항은 아마도 본질적인 속내를 드러내는 항목이 될 듯하고 실제 보수 정객들이 의도하는 바이기도 한 듯하다. 질문의 요지는 ARD가 WDR 지휘 아래 개별적 형태를 띠고 있는가, 라는 것이다.

이는 좀 더 부연설명이 필요하다. ARD를 구성하고 있는 지역방송의 규모는 각기 다르다. 그럴 수밖에 없는 것이 각 주의 인구가 다르기에 시청자 수가 다르고 시청범위도 다르다. 그래서 규모나 인력의 차이가 난다. 자연히 제작프로그램의 양도 차이가 난다.

이를테면 WDR은 독일 북서부 노르트라인베스트팔렌 주를 커버하는 최대 지역방송사이다. 노르트라인베스트팔렌 주는 인구수가 1천7백만 명에 이른다. 말이 지역방송이지 규모나 인력 역량이 웬만한 전국방송 규모이다.

ARD에 프로그램을 공급하는 비율도 제일 높다. 그러다 보니, 상호 연합해서 균등하게 운영하는 시스템이 아니고 들여다보면 WDR이 다 해먹는다는 불만이 나오게 된 것이다. 나머지는 그냥 거기에 군식구로 붙은, 마치 재벌 산하의 작은 기업에 불과하다는 논리이다.

그러나 이러한 구조적인 배분보다는 아마도 WDR의 커버지역에 시비를 걸고 싶은 게 두 정치지도자의 속셈인 듯하다. 일종의 견제이다. 다시 말해서 ARD 내에서 사민당의 우위 지역인 WDR의 우세는 곧 정치적으로 사민당에 동조하는 방송으로 흐를 염려가 있고 실제 그렇다고 의심하고 있는 것이다.

스토이버는 기사당, 비덴코프는 기민당 소속으로 두 사람 모두 독일 내에서 내로라하는 우파 정치 거물들이다. WDR 문제를 걸고 들어가는 것은 정치적 의도가 다분히 깃들어 있는 것이다.

이는 ARD가 노골적으로 사민당 편을 드는 것이 아닌데 보수정당에선 ARD가 자신들과 끈끈하지 않다고 자인하는 것이다. 이참에 ARD의 친 사민당 논조에 대해 제동을 걸어 보겠다는 계산이 깔려 있다.

이어서 제기된 문제가 지역 소규모 방송사의 해체이다. 경쟁력 강화를 위해 군소 방송사 해체와 지역 간 통합으로 규모의 경제를 이뤄야 한다는 주장이다. 한국 사회에서도 끊임없이 논쟁이 되고 있는 사안이다.

그러나 통합이나 해체는 주 정부의 소관이기에 법적으로 어떻게 할 수 없다는 의견이다. 또한, 이 같은 통합주장은 다양성 주장과 배치되는 자체 모순이다, 라는 지적도 받았다. 이렇게 ARD 존폐를 둘러싼 논쟁은 신문들도 가세해 논쟁을 벌였는데, 보수 신문들조차 공영방송의 존속을 지지하고 나서 애초 문제를 제기했던 스토이버와 비덴코프의 개혁안은 없던 일이 되고 말았다. 그들은 방송이 재벌 구조적 직업단체가 될 수 없다는 것을 너무도 잘 안다. 협력kooperation이 곧 직업단체Korporation는 아닌 것이다.

헤르만은 다음과 같이 정리했다. ARD는 법인도 아니지만 불법적 노동 공동체도 아니다. 중앙의사결정기구가 있는 것도 아니다. 2년마다 의장직을 돌아가면서 하고 사장도 순번제로 한다. 지역방송사의 규모와 관계없이 ARD에서 지역사별 표결권은 모두 1표로 동일하다. 'ARD를 없애라'는 주장은 정치적 구호일 뿐이다.

# 13. 종합매거진 뉴스 타게스테멘

타게스테멘은 한 명의 앵커가 단신을 전하는 아나운서와 한 주씩 번갈아 진행한다는
개념이다. 우리 앵커시스템이 기자출신 남자 앵커에 여자 아나운서를 보조앵커 개념
으로 여기는 데 반해 ARD 아나운서는 단신 블록을 읽는 역할에 그친다. 그래서 시그널
이 나오고 첫 화면이 뜰 때 앵커의 원샷이 잡힌다. 이는 앵커의 카리스마로 다가온다.

# 13. 종합매거진 뉴스 타게스테멘

타게스샤우와 양축을 이루는 뉴스프로그램이 타게스테멘이다.

타게스샤우가 저녁 8시 방송이라면 타게스테멘은 밤 10시 15분에 방송한다. 각각 15분과 30분 뉴스이다. 타게스테멘은 편성에 따라 방송시간이 종종 변해서 늦게 방송하기도 하고 15분 정도만 방송하는 날도 있다. 타게스테멘은 타게스샤우처럼 정확하지 않다.

두 뉴스프로그램이 모두 알차다. 우리의 저녁 종합뉴스와 밤 9시 뉴스와 맞비교하기에는 좀 다른 측면이 있다. 일단 독일의 뉴스시간은 짧다. 다루는 아이템도 많지 않다. 뉴스비중도 외신이 많다.

여기에 우리와 형식적으로 다른 요소 가운데 하나가 투톱 체제라는 것이다. ARD 악투엘은 보도국장이 두 명이고 타게스테멘의 앵커도 2명으로 공동체제이다. 앵커 두 명 체제야 한 주씩 번갈아 가면서 진행한다쳐도 보도책임자 2명은 이색적이다.

투톱시스템은 타게스테멘 앵커 시스템에도 적용된다. 타게스테멘은 앵커가 진행하는 종합매거진 뉴스이다. 여기서 두 명의 앵커 시스템이라는 것은 우리의 9시 뉴스처럼 남자, 여자 두 명이 앉아서 뉴스를 번갈아 진행하는 개념과는 다르다.

타게스테멘은 한 명의 앵커가 단신을 전하는 아나운서와 한 주씩 번갈아 진행한다는 개념이다. 우리 앵커시스템이 기자출신 남자 앵커에 여자 아나운서를 보조앵커 개념으로 여기는 데 반해 ARD 아나운서는 단신 블록을 읽는 역할에 그친다. 그래서 시그널이 나오고 첫 화면이 뜰 때 앵커의 원샷이 잡힌다. 이는 앵커의 카리스마로 다가온다.

타게스테멘의 투톱 앵커는 남자 여자 각기 한 명씩이다. 그러나 여자 앵커라고 해서 진행하는 방식이나 스타일이 남자 앵커와 다른 것은 아니다.


2009년 11월 9일에는 타게스테멘 시그널 음악이 끝나자 베를린 브란덴부르크 문이 보이면서 여자 앵커의 오디오가 나온다. 베를린 장벽붕괴 20주년을 맞아 브란덴부르크문 앞 특설 야외 스튜디오에 나왔다는 멘트다. 그러고 나서 문 앞에 설치된 야외스튜디오에 모이니카 앵커가 등장한다.

현재 타게스테멘 메인 앵커 중 한 명이다. 모이니카는 마치 야외 특설 무대 같은 큰 스튜디오에서 홀로 서서 뉴스를 진행한다. 평균 독일인에 비해 다소 작은 체구이지만 조금도 왜소해 보이지 않는다. 한 멘트, 멘트에서 뉴스를 잘 소화해 명확하게 리딩한다는 전달감이 피부로 다가온다.

이렇게 두 명의 앵커가 격주로 진행할 때의 장점은 앵커의 재충전이다. 전 앵커였던 울리히 비커트는 비번인 주에 강연이나 음악회, 미술관을 다니면서 재충전도 하고 친구들이나 주요한 인물들을 만나 세상 돌아가는 이야기도 진솔하게 들을 수 있어 좋았다고 말한다.

2011년 4월 4일, 5일 양일간에는 슈투트가르트에서 ARD 사장단 모임이 있었다. 9개 지역방송사 사장들이 이날 결정한 중요한 안건은 ARD 보도국장 연임 건이다. 이들 사장단은 현재의 카이 크니프케와 토마스 힌리히스 두 보도국장의 연임을 2015년까지 보임하도록 의결했다. 두 사람의 연임을 제안한 NDR 루츠 마모 사장은 이렇게 설명했다.

"승리하는 팀을 교체하지 않는다. 2006년부터 팀을 구성한 두 보도국장에게도 해당되는 말이다. 그들은 일본 지진이나, 리비아 사태에서 15시간 동안 생방송을 이끌면서 업무능력을 보여 주었다. 타게스샤우의 경쟁력이 경쟁사인 호이테나 악투엘보다 분명하게 앞지르고 있다."

이러한 명분은 설득력 있다. 동향, 동문, 정치적 성향 이런 끈이 임명에 개입된 흔적은 이력서를 아무리 봐도 없다.

연임이 확정된 카이 크니프케 국장은 60년생으로 프랑크푸르트 출생, 주로 편집과 르포 작가로 활동했다. 국내뉴스 담당이다.

힌리히스는 국제뉴스 담당이다. 그는 경쟁사인 ZDF 출신이다. 도이치 벨레Deutsche Welle 워싱턴 지국에서도 근무했다.

이렇게 두 명이 국장을 맡고 있다. ARD의 이사회의장은 지역 방송사가 돌아가면서 맡기 때문에 인사권이 없다. 주요 인사는 이렇게 사장단 회의에서 결정된다. ARD가 갖는 막강한 권력을 염두에 둘 때 온갖 정치적 연줄과 닿아 있는 인물들이 경쟁할 것이라고 여길 수 있는데 그건 우리의 길들여진 생각일 뿐이다.

사장단 회의는 투명한 절차에 따라 투명하게 공동의 의사로 결정된다. 낙점해놓고 거수기擧手機처럼 임명하는 말로만 공영인 시스템과 다르다.

공영이 뭔가? 투명한 게 공영이다. 절차도 토의도 결정방식도 투명한 게 공영정신이다. 의사결정과 진행방식이 공영답지 못하면서 껍데기만 공영으로 포장되어 있는 우리네 공영방송과는 차원이 다르다.

ARD는 이 사실을 자사 홈페이지에 보도 자료를 통해 공개했다. 그 내용을 보면 타게스샤우 시청률이 나와 있는데 2011년 3월 평균 일일 시청자 수가 1천20만 명이고 시장점유율이 32.6퍼센트라고 적시하고 있다. 시청자 일일 종합 통계이다.

타게스테멘은 일일 시청자가 253만 명, 점유율 12.2퍼센트, 홈페이지 tagessch.de의 일일 평균 페이지 뷰page view가 610만이라고 밝히고 있다. 정말 공영적 서비스이다.

그들은 주요 의사결정을 누구든지 볼 수 있도록 해놨다. 방송국의 인사동정을 신문을 통해 아는 것이 아니라 자체 홈페이지를 통해 아는 것이다.

: 라이브와 해설

.

타게스테멘의 주요특징 중 하나가 생방송이다. 매일 라이브 연결이 있다. 대형 사건사고가 아니더라도 그날 중요한 이슈에 대해 특파원이든 기자든 장관이든 나와서 직접 설명한다.

특파원의 현지연결은 그렇다 치고 장관이나 정치인의 등장이 빈번하다는 것이 특징이다. 주요 정책이슈가 있을 때는 어김없이 직접 출연시켜 앵커와 직접 문답진행을 한다. 녹화는 없다. ARD가 전국적으로 지역사를 갖고 있기에 어디서든지 스튜디오 방송을 할 수 있는 이점을 갖고 있고 그걸 십분 살리고 있는 것이다.

하루에 다루는 아이템은 서너 개 정도이다. 30분 뉴스이니 중요한 정책과 이슈를 충분하게 다룬다. 기자 리포트에 관련 부처 장관을 라이브로 불러 묻는 시간을 갖다 보면 한 꼭지에 길게는 10분도 할애한다.

한국 텔레비전의 편집 관행으로 보면 고리타분하고 지루하기 짝이 없는 편집이지만 하나의 원칙이다. 특파원 연결도 거의 매일 있다. 물론 라이브이다. 시간대가 맞지 않는 것과는 무관하다.

일본에 지진이 발생했을 때의 일이다.

독일과 아시아는 시간대가 완전히 반대여서 독일 뉴스시간대에 일본은 새벽이다. 그래도 오밤중에 특파원이 나와서 리포트를 한다. 밤 시간이지만 사전녹화해서 트는 경우는 없다.

특파원도 한 번만 등장하는 것이 아니다. 같은 뉴스시간대에 두 번, 많게는 세 번도 등장한다. 충분히 묻는다. 별도 밑그림을 준비하는 등 포장에는 별로 신경 안 쓴다. 라이브는 라이브답게 특파원이 원샷을 받고 서서 리포트하고 설명한다.

전 세계 어디든지 특파원망이 있기에 기동력이 뛰어나다. ARD가 특파원을 중시하는 것은 뉴스의 신속성 때문이다. 그리고 자사 시각으로 세계뉴스를 본다는 기본원칙이 있다. 외신을 대충 라운드업해서 보내주고 소위 현장간지가 나게 깔끔하게 읽으라는 주문과는 다르다.

형식은 다소 투박해 보이고 매끄럽지 않게 보이지만 내용이 알차다. 내용을 듣게 만든다. <해설>, 이 코너도 거의 매일 그것도 라이브로 한다. 고루한 스타일의 방송이기에 텔레비전 편집자가 꺼리는 형식이지만 붙박이 프로그램이 되어 버렸다.

이는 타게스테멘의 장점이기도 하다. 타게스테멘의 지향점을 드러내는 것이기도 하다. 정보에 충실하다는 것인데 타게스테멘은 8시 타게스샤우와 달리 주관적인 워딩Wording과 코멘트가 가미된 매거진이다.

앵커의 다소 감정이 섞인 멘트부터 시작해서 현지 분위기가 곁들여진 리포트가 허용된다. 주요 뉴스에 반드시 경륜 있는 기자의 코멘트가 따른다. 어느 특정방송사가 하는 것이 아니라 그 주제에 가장 적합한 기자가 소속에 상관없이 나와서 직접 해설을 한다.

한국 텔레비전 뉴스에서도 간단없이 시도되었다가 재미없고 시청률이 떨어진다는 이유로 배제된 양식이었다. 한국에서는 이 같은 형식의 보도가 심야뉴스의 마지막, 눈 비비고 보는 시간대에 간간이 등장한다.

해설 역시 ARD의 맨파워가 드러난다. 이런 영역에서 ARD의 역량을 확인하는 것이다. 텔레비전은 해설이 적합하지 않다는, 해설은 신문의 영역이라는 선입견도 불식시킨다.

그날 뉴스에 실시간으로 코멘트를 붙이니 다음날 조간신문보다 분석이나 해설이 빠른 셈이다. 익일 조간신문을 다 참고해서 적당히 해설하는 방식과는 다른데 이렇게 실시간으로 짚어주는 게 텔레비전 매체의 장점을 살리는 것이다.

매끄러운 형식만 추구하고 본질적인 내용을 벗어나 신뢰를 떨어뜨리는 형식이 아니다. 해설답게 해설을 한다.

ARD 보도국장을 하다가 베를린 지국장으로 나가서 연방정부의 정책을 코멘트 하는 데펜도르프 기자의 해설은 경륜이 묻어난다. 보직이 없어 해설을 하는 처지가 아니라 보직경험에 현장경험을 다 보태서 해설을 하고 있다. 기자는 기사로 말한다고 하면서 직職으로만 존재하려는 풍토와는 다르다.

이러한 해설이 가능한 것은 조직운영의 유연성 덕분이기도 하지만 저널리즘의 직職을 보는 견해차이 때문일 것이다. 자리가 없으면 마이크가 꺼지고 형해화形骸化되는 풍토에서는 성립할 수 없는 일이다. 구색이 아니라 본질이다.

뉴스는 시청률 영역이 아니라 정보 영역이다. 바른길을 인도하는데 바르게 짚어주려는 노력이 없으면 어떻게 바르게 가겠는가. 이런 점도 공영과 부합된다.

시청률을 의식하면 그렇게 매일 편집할 수 없다. 다 늙은 기자가 나와서 맥 빠진 해설을 하니 채널 돌아간다는 핀잔이 나오기 십상일 텐데 어찌 가능하겠는가.

우리는 걸핏하면 재미없다, 지루하다는 핑계를 대는데 그게 과연 타당성 있는 주장인지, 무지의 독선인지 폭넓은 의견을 들어 볼 필요가 있다. 세트는 무시로 바뀌는데 일하는 방식, 결정방식 등 내용에 대한 우리들의 성찰과 엄격함은 예전 그대로 머물러 있다. 발전한다고 하는데 진정 발전해야 할 대상에 대해선 그냥 눈감고 있다. 그러니 기준도 없고 표준도 없고 진행 사고 없이 무탈하게 나간 걸로 족하는 그런 수준에 머물러 있다.

치장에 대한 칭찬만 요란하다.

: 큐시트

2011. 11. 4 Fri tagesschau®

| 제 목 | 전달방식 | 전달자 | 영 역 |
| --- | --- | --- | --- |
| 1. 그리고 총리<br>신임투표 | 라이브 | 특파원 | 국제정치 |
| 2. 그리스 데모 | 리포트 | 기자 | 국제 |
| 3. c20 정상회담 | 리포트 | 기자 | 국제정치 |
| 4. 단신블럭 /<br>4개 단신 | 단신 | 아나운서 | 내신3, 외신1,<br>스포츠1 |
| 5. 화성탐사 | 리포트 | 특파원 | 국제정치 |

아이템 총 5개

2011년 11월 4일 금요일 큐시트이다. 단신블럭을 제외하고 주요아이템은 모두 국제뉴스이다.

톱Top은 그리스 총리 신임투표안, 아테네 특파원을 라이브로 불러 질문 3개를 묻고 답한다.

톱뉴스에 4분 40초가 할애되었다. 이 시간 동안 앵커와 특파원의 모습만 보였다. 영상은 한 컷도 사용하지 않았다. 이날은 남자 앵커인 톰 블로가 진행했다. 총 15분간 진행했다. 편성변경으로 인해 뉴스가 늦게 시작했다. 날씨 뉴스는 없다.

| 제 목 | 전달방식 | 전달자 | 영 역 |
| --- | --- | --- | --- |
| 1. 이탈리아 재정 위기 | 리포트 | 기자 | 국제 |
| 2. 로마 분위기 | 라이브 | 특파원 | 국제 |
| 3. 이탈리아 위기 | 해설 | 기자 | 국제 |
| 4. 이란 핵 보고서 | 리포트 | 특파원 | 국제 |
| 5. 이란 핵 | 라이브 | 예루살렘 특파원 | 국제 |
| 6. 이란 핵 | 라이브 | 워싱턴 특파원 | 국제 |
| 7. 단신뉴스블럭 | 단신 및 리포트 | 아나운서 | 혼합 |
| 8. 러시아 동해 가스관 | 단신 | 앵커 | 국제 |
| 9. 가스관 | 리포트 | 기자 | 국제 / 화면 |
| 10. 단신뉴스블럭 | 단신 | 아나운서 | 혼합 |
| 11. 화성탐사 | 리포트 | 기자 | 국제 |

아이템 총 11개

이날은 정상적인 편성으로 제시간에 뉴스가 들어갔다. 타게스테멘 여성 앵커인 미오스카가 진행했다.

타이틀 화면이 지나가기 무섭게 바로 미오스카의 클로즈업으로 뉴스를 시작한다. 빠르게 진행하는 속도감이 느껴진다. 아이템으로 보면 역시 국제뉴스가 거의 다 차지했고 라이브가 많았다.

톱에서 이탈리아의 재정위기를 전하면서 중후한 모습의 로마특파원을 불러냈고, 이어 바이에른 방송에서 해설도 했다. 타게스테멘의 해설은 ARD 뉴스센터에서 하는 것이 아니라 아이템의 성격에 따라 각 지방사에서 맡는다. 뉴스센터에는 자체 해설위원이 상주하고 있지 않기 때문이다.

이란 핵 보고서는 예루살렘과 워싱턴 두 군데를 불러 자세히 들었다. 러시아 가스관 연결 기공식 기사에서는 모이스카 앵커가 자리에서 이동해 대형스크린을 손으로 가리키면서 위치를 설명했다. 이런 점이 타게스테멘의 부분적인 변화이다.

날씨 코너는 없다. 타게스테멘의 기본 포맷이 다 반영된 하루였다. 라이브와 해설 그리고 국제뉴스 중심의 아이템이 그대로 뉴스에 반영되어 있다.

심층보도답게 한 꼭지가 2분 반 내지 3분이다. 블록편집으로 한 가지 사안에 대해 7~8분 정도 깊이 있게 다루고 있다. 형식만 요란하게 심층보도라는 타이틀을 붙이고 꼴랑 1분 30초에서 40초 정도 리포트 하는 한국 텔레비전 뉴스 리포트와는 다르다. 그리고 종합 뉴스매거진이지만 이른바 화제성, 기획성 기사는 보이지 않는다.

당일 주요 뉴스를 선별해서 집중보도하고 있다. 기본적으로 8시 타게스샤우 아이템 가운데 몇 가지를 추려서 심층보도 하는 식으로 기사를 선별한다. 전 세계 막강한 특파원망을 동원해 현지 소식을 심층적으로 현장감 있게 보도한다는 강점이 그대로 살아나 생동감을 주고 있다.

또한 이란 핵 보고서 보도 시에는 이스라엘 텔레비전이라는 출처표시와 자료화면 사용을 정확하게 명시했다. 스튜디오를 다채로운 카메라 앵글로 보여주고 중간타이틀을 달아서 블록을 나누는 등 형식적인 면에 신경쓰기 보다는, 단조롭지만 아이템 자체를 아주 속도감 있게 연결해서 흡인력이 있다는 인상을 준다.

# 14. 타게스테멘과 독일통일

텔레비전 뉴스와 동독 국민들이 합작해서 만든 역사적 사건은 각본 없는 드라마였다고 할 수 있다. 요약하면 ARD 타게스테멘의 보도가 믿기지 않아서 긴가민가 하던 많은 동독 국민들이 야밤에 잠옷 위에 잠바만 걸치고 뛰어 나왔고, 문을 열라는 함성과 함께 거대한 인파 물결이 규정이고 절차고 허물며 결국 장벽을 열었다.

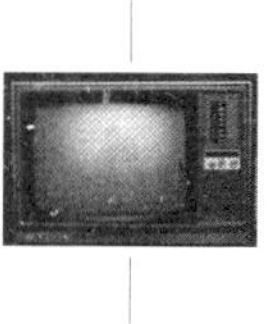

# **14.** 타게스테멘과 독일통일

: 예고 없는 장벽개방

1989년 11월 9일. 베를린 장벽이 붕괴된 날이다.

왜 이날 장벽이 열렸는가? 이 역사적인 날이 미리 예고된 것은 아니다.

장벽 붕괴는 급작스럽게 그날 밤 쓰나미처럼 일어났다. 당시 독일 정세의 당사자 격인 콜 수상이나 크렌츠 동독당 서기도 몰랐다.

그렇다면 과연 정보기관들도 몰랐을까. 서방 정보기관들은 급변하는 독일 정세에 촉각을 곤두세우고 있었을 터인데 과연 몰랐을까. 고르바초프가 당시 동독 공산당 서기장 크렌츠에게 개방 묵인 명령을 내렸다고 하는 게 사실인가. 기자회견에서 실수를 한 샤보스키의 횡설수설이 연출된 행동이었는가. 여러가지 의문이 남지만 아직까지 속 시원한 대답은 없다. 뭔가 극적인 계획이 있을 것 같다는 음모적 시각은 추측일 뿐이다.

그동안 굳게 닫혔던 문이 총성 한 발 없이 열렸다. 국경 수비대는 검문소 차단기를 활짝 열었다. 어떻게 보면 너무 허망하게 무너져 내렸다.

그날 11월 9일의 일지를 보면 동독 국민들의 저력을 알 수 있다. 아래로부터의 힘과 미디어 역할의 중요성에 역시 수긍이 간다.

텔레비전 뉴스와 동독 국민들이 합작해서 만든 역사적 사건은 각본 없는 드라마였다고 할 수 있다. 요약하면 ARD 타게스테멘의 보도가 믿기지 않아서 긴가민가하던 많은 동독 국민들이 야밤에 잠옷 위에 잠바만 걸치고 뛰어 나왔고, 문을 열라는 함성과 함께 거대한 인파 물결이 규정이고 절차고 허물며 결국 장벽을 열었다.

양독兩獨 정상이 장벽 개방 날짜를 회담으로 정한 것도 아니고 누구의 승인을 받아 연 것도 아니었다. 미리 준비를 할 수도 없었다. 텔레비전 중계카메라도 미처 현장에 도착하지 않았다. 오랫동안 철옹성 같았던 분단의 담벼락이 너무 싱겁게 무너진 것이다.

독일이 깊은 수면 상태에 있는 시간에 장벽이 열리고 양독을 가로막았던 담장 위에선 많은 무리의 사람들이 환희의 춤을 추며 덩실댔다. 통일 축제를 미리 연 것이다.

장벽 붕괴는 곧 동독 붕괴를 의미하였기에 그날을 사실상 통일을 이룬 날이라 해도 무리가 아니다.

다시 그날의 기록과 뉴스를 따라 가면서 도대체 무슨 일이 어떻게 누구에 의해 벌어졌는지 역사의 퍼즐을 조립해 보자.

## : 샤보스키 기자회견

호네커의 실각으로 황태자가 된 동독 당 서기장 크렌츠의 당면과제는 여행 자유에 관한 새로운 지침을 만드는 것이었다.

1989년 봄부터 일기 시작한 동독 국민들의 탈출 행렬은 멈추지 않았다. 더욱이 실업자들도 아니고 숙련된 기술을 가진 젊은이들이 대거 탈출하는 것은 동독의 노동력에 심대한 타격이었다.

인접 국가인 체코나 헝가리도 동독 난민들로 골머리를 앓을 지경이었다. 이런 상황에서 여행을 제한하다가는 동독 국민들이 폭발할지도 모른다는 위기감도 있었다.

그런 점을 동독 당국은 심각하게 인식하고 조치를 서두르려고 여행에 관한 규정을 완화했다. 동베를린에서 열린 집회를 통한 동독 국민들의 요구에 개혁적 입장에서의 대응이 시급했다. 당에서는 여행 자유화 조치의 한 작업을 진행했고 크렌츠는 측근을 언론 실무진에게 보내 지침을 전달했다. 그 실무 입안을 맡은 사람이 라우터 언론과 과장이었다.

그의 나이 당시 39살.

패기만만한 라우터의 손에서 여행 자유에 관한 규정이 만들어지고 있었다. 비서에게 타이핑한 문건을 11월 9일 아침 샤보스키에게 건네주고 라우터 과장은 퇴근했다.

그날의 오후 상황을 좀 더 세밀하게 정리해보면 샤보스키는 당 서기장 크렌츠로 부터 여행 법안을 건네받으면서 기자회견에서 설명해도 좋다는 언질을 받는다. 그러면서 크렌츠는 아마도 세계적인 뉴스가 될 것이라는 전망도 덧붙였다.

라우터 과장은 저녁에 아내와 연극을 보기로 약속이 되어 있었다. 문안을 입안한 언론과장이 기자 회견에 배석도 안 하고 퇴근했다는 것에서 우리는 그날의 샤보스키 기자회견이 여행법에 관한 브리핑이 아니었음을 알 수 있다. 그 문건의 엠바고embago가 그 다음 날, 그러니까 11월 10일까지였기 때문이다.

동독당 기관지『노이에스 도이칠란트』편집국장을 9년이나 역임한 노련한 샤보스키가 그것을 몰랐을 리 없다.

샤보스키는 동독 공산당 정치국원이자 당 공보책임자 대변인이었다. 그는 기자회견장으로 향했다. 그 시각이 오후 6시였다. 샤보스키는 먼저 자신을 소개하고 배석한 당 동지들을 친절하게 소개했다. 이어 유머를 섞어 가면서 당의 정치, 개혁 등의 현안을 브리핑했다. 회견장의 콘크리트 바닥에까지 꽉 들어찬 기자들은 샤보스키의 배경 설명에 졸린 표정을 지었다.

그날 회견은 별 기삿거리가 없는 영양가 없는 회견으로 비쳤다. 한 마디로 별 볼일 없이 지루하게 진행되었다. 프레스센터에 초만원으로 몰린 기자들은 조금 맥이 빠진 분위기였다.

그때 역사적인 한마디 말이 튀어나왔다. "즉시Ab sofort."

회견이 거의 끝나갈 무렵 사태가 급진전되었다.

6시 51분경 이탈리아 안사ANSA통신의 특파원이 단하 앞에 쪼그리고 앉아 있다가 마이크를 잡았다. 그는 여행법에 대한 질문을 했다. 이미 여행법을 새로 만든다는 소문이 있었기에 궁금했던 것이다. 샤보스키의 답변은 이랬다.

"그래서 우리 당 중앙위원회는 새로운 규정과 관련해 모든 국민들이 동독 국경을 넘어 여행을 할 수 있도록 했다."

기자 회견장이 술렁였다. 서독 빌트 차이퉁의 브린크만 기자가 질문을 이었다. 언제부터 시행하느냐는 것이었다.

샤보스키는 갖고 온 문건을 넘기더니 "내가 알기로는 즉시, 지체 없이"라고 말을 더듬으면서 대답했다. 회견장에 긴장감이 감돌았다.

기자들도 긴장했다. 믿기지 않는다는 분위기도 있었다. 아니, 국경 검문소에서 도장도 찍고 절차를 밟아야 하는데 어떻게 야밤에 개방을 한다는 말인가? 라는 의문의 지적도 있었다.

그러나 그러한 혼선도 잠시, AP통신에서 긴급뉴스 타전음이 언론사에 울렸다. 그 시각이 저녁 7시 7분이다.

"긴급 동독 국경개방."

사실 그날 당 중앙위원회에서 크렌츠가 샤보스키에게 건네준 여행안 자료는 엠바고가 걸린 문건이었다. 엠바고는 일정 시간까지 보도를 유보하는 조치를 의미한다.

그러니까 다음날 11월 10일 오전 4시까지 엠바고가 걸린 문건이었고 동독 텔레비전에도 그렇게 해서 문서가 전달되었다. 그러니까 샤보스키가 "즉시"라고 답한 것은 오류였다.

정확히 말하면 다음 날 아침부터 시행한다는 것이었고 그런 다음 적합한 조치와 절차에 따라 동독 국경검문소에서 동독인들이 여권에 도장을 받아야 외국으로 여행이 가능했다. 그런데 지금 당장 서베를린으로 여행이 가능하다고 해버린 것이다.

샤보스키는 20년 뒤 슈피겔과의 인터뷰에서 당시 자신은 크렌츠 서기장으로부터 엠바고 이야기를 듣지 못했다고 회고했다.

그렇다손 치더라도 당 대변인이자 노련한 언론 전문가가 아무생각 없이 회견장에 와서 답변을 쉽게 했을까? 하는 의문이 든다. 동독당 기관지 『노이에스 도이칠란트』 편집국장을 9년이나 역임한 노련한 샤보스키가 엠바고가 무언지 몰랐을 리 없다.

결국 "즉시" 그 한 마디가 그날 밤 예고도 없이 역사를 바꾸어 놓았다. 가정법이겠지만 그날 샤보스키가 여행규정을 설명하면서 "즉시"라는 말을 언급하지 않고 내일부터 절차에 따라 비자를 내주게 될 것이라고 이야기 했으면 상황은 달라졌을 것이다.

아마도 좀 더 오랜 기간 동안 절차에 따라 여행을 다녔을 것이고 베를린 장벽도 한참은 더 서 있었을 것이다.

이런 게 역사의 아이러니인가. 샤보스키 대변인이 간과한 엠바고가 결국 28년간 옹벽으로 서 있던 장벽을 예고 없이 열리게 한 결정적 촉매제가 된 것이다.

순간의 한 마디가 역사의 물줄기를 바꾸었다.

: 서독으로 가는 동독 국경개방

함부르크 독일 공영방송 ARD 본사.

이날 샤보스키의 기자회견을 동독 텔레비전 라이브로 시청하던 편집진들은 긴급 타전된 통신뉴스를 체크하다가 AP통신의 첫 보도를 접했다.

"국경개방."

동독 국영채널이자 이날 회견을 생중계한 동독 <악투엘 카메라> 뉴스는 법조문을 그대로 읽어가며 뉴스를 전했다.

그 시간이 7시 반이었으니 방송까지 30분이 남아있었다. 타게스샤우는 8시에 시작한다. 이어 독일 통신사 DPA가 타전했다.

'서독으로 가는 동독 국경개방'이 헤드라인이었다.

8시 정각 타게스샤우 시그널 음악이 나가면서, "여기는 제 1TV ARD 타게스샤우입니다."

멘트가 끝나기 무섭게 톱뉴스의 제목이 떴다.

"동독 국경개방."


그로부터 20년 뒤 슈피겔은 당시를 회고하는 기사를 썼다. 뉴스가 나갔지만 여전히 사람들은 의문을 품었고 믿지 않는 분위기였다고 한다. 이어 ARD는 분데스리가 축구 중계에 들어갔다. 설마 그 사이에 장벽 개방이 될 것이라고 판단한 사람은 없었을 것이다.

그러나 8시 뉴스를 접한 사람들은 곧바로 장벽을 향해 몰려들기 시작
했다. 즉각 이행된다는 뉴스를 듣고 궁금해서 나오기 시작했고 사실인
지 알아보기 위해서 장벽의 검문소로 몰리기 시작했다. 심지어 샤보스
키의 회견문을 복사해 들고 나온 사람들도 있었다. 국경에 긴 행렬이 늘
어섰다. 비자를 받고 서쪽으로 가려는 행렬이었다.

11월 9일 밤 10시 42분 타게스테멘.

방금 전까지 축구 중계를 보고 좀 느긋하게 뉴스를 보려던 동독 국민
들은 쇼크를 받았다. 동베를린에서 목수일을 하며 아내와 오순도순 살
고 있던 바라트피쉬도 마찬가지였다. 다른 독일인들처럼 그 역시 축구
팬이었고 그래서 그날도 분데스리가 경기를 즐기고 있었다. 경기가 끝
나고 텔레비전을 끄려다 이어져 나오는 타게스테멘을 보려고 거실에 그
대로 앉았다.

이날 뉴스는 축구중계가 길어지는 바람에 30여분 늦게 들어갔다. 타
게스테멘 역시 동독 국민들이 즐겨보는 뉴스이다.

프리드리히스 앵커의 첫 멘트에 그는 귀를 의심했다. 장벽국경이 활
짝 열려 있다니? 화면도 없이 첫 멘트에 소식을 전했으니 내가 제대로 들
었나 했다고 한다.

프리드리히스 앵커의 멘트를 옮겨 적으면 다음과 같다.

"오늘은 역사적인 날이다. 동독 국민들은 즉시 여행을 할 수 있다고 발

표가 났다. 장벽의 모든 검문소 문이 활짝 열려 있다."

그러나 프리드리히스 앵커의 멘트는 성급한 멘트였다. 문이 활짝 열려 있다는 것은 확인되지 않은 멘트였다.

그 시각에는 국경 검문소 문들이 완전히 개방되지 않았고 실제 방송 중 국경 검문소 현장에 나가 있는 기자를 연결했을 때도 동독인들이 줄지어 서 있었지 문이 개방된 상태는 아니었다.

그러나 이미 멘트는 전국으로 전해졌다. 고인이 된 그에게 당시 상황을 질문할 수 없음이 아쉽다. 그가 실수로 말했는지 의도적으로 말했는지는 알 수 없지만 약간의 조급한 멘트가 장벽문을 조건 없이 열리게 한 촉진제였다.

당시 타게스테멘을 시청했던 동독 교수 하트피쉬도 훗날 슈피겔 인터뷰에서 "타게스테멘 뉴스가 완전히 결정적이었다."고 회고했다.

그도 그럴 것이 심야에 나가는 동독 텔레비전 뉴스는 여전히 여행 자유화에 관한 지침만 보도하고 있었다. 동독인들이 서독 텔레비전 뉴스를 보고 행동에 옮긴 것이다.

하트피쉬도 흥분을 감추지 못하고 도대체 어떻게 되는지 보기 위해 기대 반 두려움 반으로 부인과 집을 나섰다. 밖이 쌀쌀했기에 코트차림으로 걸어서 보름하이머Bornheimer 거리로 나섰다.

샤보스키 기자회견을 마치고 3시간 반 이상이 지난 무렵이다. 거리는 인산인해를 이뤘고 자동차 행렬이 줄지어 서 있었다. 국경 검문소는 이제 수습하기 어려운 상황이었다.

인파와 자동차 행렬로 뒤덮인 검문소에서는 문을 열라는 외침이 커져 갔고 밤 11시 반경이 되자 더 이상 비자에 도장을 찍으면서 국경 업무를 할 계제가 아니었다. 결국, 검문소를 가로질러 사람들이 몰려들자 막고 있던 차단기가 올라갔다.

사람들이 그대로 환호를 지르면서 서베를린으로 넘어갔다. 이렇게 해서 결국 베를린 장벽이 무너졌고 11월 9일은 역사의 날이 되었다.

9일 밤을 넘기면서 10일 심야 베를린 장벽의 차디찬 담벼락 위에는 젊은이들이 쓴 플래카드와 '독일 통일조국'이라는 문구가 펄럭였다.

그날 누가 차단기를 열라고 지시했는가?

보름하이머 검문소 책임자였던 에거는 상부로부터 지시도 없었고 여행 자유화 시점에 대해 아무런 답을 듣지 못했다고 회고한다.

당시 무장한 국경 수비대 동료들도 있었지만 시민들과 아무런 충돌도 실랑이도 없었다. 문은 참으로 싱겁게 열렸다. 그해 1월 당시 당 서기장이었던 호네커는 베를린 장벽이 50년, 아니 100년은 더 버티고 있을 것이라고 호언장담했었다.

2월에도 한 젊은 동독 청년이 자유를 찾아 서독 행을 감행하다가 장벽에서 동독 군인의 총에 맞아 사살되는 비극적인 일이 있었다.

그 청년이 베를린 장벽의 마지막 희생자였다. 그런 한 맺힌 절규의 장벽이 동독 국민들의 압박에 차단기가 올라가면서 순식간에 붕괴되었다. 그날 밤 늦게 당 서기장 크렌츠가 슈타지 총책 밀케의 전화를 받고도 특별한 지시 없이 상황을 내버려두었던 것도 대책이 무용한 상황이라는 것을 알았기에 체념한 탓일까.

그 밤 타게스테멘의 보도로 상황은 그렇게 되어버렸다. 눈물과 환희와 격정의 밤이었다. 뉴스 멘트 한 마디에 철벽같던 담장이 허물어지는 순간이었다.

샤보스키가 엠바고를 간과해서 "즉시"라고 대답해 버렸고 그걸 바로 개방으로 해석해 타전했다. 문이 활짝 열려 있다고 멘트한 프리드리히스 앵커, 그리고 타게스테멘이 이날의 역사적 주역이다.

: 장벽을 무너뜨린 질문 미스터리

이는 샤보스키의 기자회견 당시 회견장에서 질문을 했던 이탈리아 안사ANSA 통신 리카르도 에어만Riccardo Ehrmann 기자에 대한 궁금증이다.

그날 그의 질문이 우발적인 것인지 아니면 이미 정보를 확보하고 계획적으로 한 것인지. 이것은 아직까지도 미스터리로 남아 있다.


그날 샤보스키의 회견은 여행 자유화법이 주된 핵심이 아니었다. 단지 동독 공산당이 조만간 여행 자유화에 관한 새로운 규정을 발표할 것이라는 이야기가 기자들 사이에서 떠돌고 있었다.

그런데 느닷없이 그것도 회견이 다 끝나갈 무렵인 7시가 다 되어서 왜 새로운 여행 규정의 발효 시점을 구체적으로 질문했을까.

그는 이 질문으로 베를린 장벽 개방의 숨은 영웅이 되었고 2008년에는 독일 정부로부터 공로 훈장도 받았다. 이 질문이 세기적 역사 변혁의 질문으로 평가받았기 때문이다.

이런 궁금증과 관련해 에어만은 독일 MDR방송과 인터뷰에서 "밝히지 않았지만 누구로부터 제보를 받았다"고 증언했다.


그 이야기의 전말은 이렇다.

에어만은 그날 아침 동독 공산당의 고위 간부로부터 미스터리한 전화

한 통을 받는다. 그 요지는 샤보스키가 기자회견을 할 때 여행 자유화에 관한 질문을 하라는 것이었다. 그것도 무조건 해야 하고 그건 아주 중요하다는 말까지 덧붙였다고 한다.

그는 동독 통신사 간부였다고 한다. 이게 사실이라면 샤보스키 회견에서 특파원의 질문에 샤보스키가 머뭇거리다 "즉시 개방"이라고 답변한 것은 해프닝이 아니라 각본이라는 해석이 가능하다.

에어만에게 정보를 제공했다는 그는 누구인가. 독일 시사주간지 슈피겔은 이 미스터리를 풀기 위해 통일 20주년을 맞아 2010년에 에어만과 인터뷰를 시도했으나 그는 입을 굳게 닫았다.

미스터리는 미스터리로 남아야 흥미로울까.

슈피겔은 에어만에게 정보를 흘린 사람이 퓌트쉐케라고 말한다. 기자 출신으로 동독 국영 통신사 ADN 간부를 지낸 퓌트쉐케가 정보를 주었다는 것이다. 그 근거로 샤보스키의 회견이 나간 뒤 공교롭게도 바로 국영 ADN 통신에서 에어만이 질문했던 내용의 기사가 타전되었다는 것이다. 우연치고는 상황이 맞아 떨어진다.

퓌트쉐케는 2006년에 사망했다. 그러므로 이 미스터리의 전말도 확인할 길이 없다.


누구도 예상치 못한 역사적인 일이 순간적으로 벌어졌기에 샤보스키의 회견은 전설적인 회견으로 남아있다. 그 전말은 에어만이 입을 열기

전에는 미스터리로 영원히 남아 있을 것이다.

제보로 던진 질문 하나가 한밤에 대 역사를 이루었다면 기자로서 자부심을 가질 일이다.

이야말로 저널리즘의 완성이고 운명인지도 모른다.

# 15. 한국 텔레비전 뉴스의 공론장 기능회복을 위하여

한국 텔레비전의 뉴스현실을 생각하면 그 연륜이나 기술발전으로 인한 화려하고 깔끔한 외형에 비해 내부 시스템은 후진적 면모를 벗어나지 못하고 있다. 더욱 안타까운 것은 개선될 싹수도 별로 없다는 것이다.

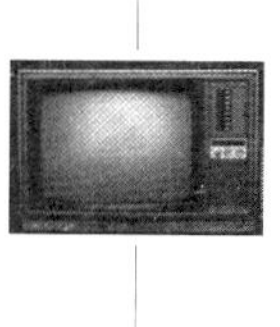

# **15.** 한국 텔레비전 뉴스의 공론장 기능회복을 위하여

이제 마무리할 시점이다. 타게스샤우가 이렇다고만 이야기하면 좀 허전할 것 아닌가. 장사가 되게 하려면 타게스샤우를 통해 우리가 뭘 얻고 대안으로 삼을만한 게 없을까를 보는 것이 기본 순서 아니겠는가.

이쯤에서 우리에게 발뒤꿈치 굳은살처럼 박인 상투어가 있으니 그건 "그 동네랑 우리랑은 다르다."는 한마디이다. 그 한방이면 더 이상 볼 것도 없다.

다른 건 맞다. 질문 하나 하자. 나라도 다른데 그럼 왜 그 나라 것은 수용하는가. 명품가방엔 열광하고 벤츠차에 침을 흘리면서 왜 뉴스는 입맛이 안 당기는가. 그건 별 영양가가 없어서인가. 재미가 없어서인가. 우리는 과연 뉴스를 재미로만 보는가.

이 글을 쓰면서 이런 것은 우리도 세심하게 한번 살펴보자, 했던 대목을 몇 개 정리해볼까 한다. 먼저 외형적으로 보이는 부분을 언급하는 것이 공감대를 넓히는 순서일 것이다.

보이지 않는 운영시스템이야 그네들도 나름의 어려운 점이 있을 테고 좀체 공유하기 힘든 대목이니 드러난 것을 먼저 이야기하겠다.

우선 그들의 뉴스화면이 깨끗하다는 점을 특징으로 들고 싶다. 뉴스화면에 불필요한 자막이나 그래픽이 거의 없다. 산만하지 않다. 자막은 인터뷰 대상자의 이름과 직책이 고작이다. 당일 화면이 아닐 경우 '엊그제 화면'이라는 상단 표시가 고작이다.

한국 뉴스화면은 지저분하다. 한 예로 인터뷰 화면을 보면 한국말을 하는데도 자막을 덕지덕지 붙이니 화면이 살아날 리 없다. 엄청난 인터뷰를 하는 것도 아닌데 한국말을 알아듣지 못하는 인터뷰라면 그 인터뷰가 방송용으로 적합한 것인가.

깔끔한 화면은, 화면이 선정적이고 자극적이지 않다는 것과 맥락을 같이 한다. 뉴스화면 편집은 롱컷이 많고 차분하다. 채 썰듯이 자극적인 편집도 없다.

일본 지진보도 사례처럼 침착하게 그냥 내보낸다. 특히 드라마틱한 사건이라고 해도 합성화면을 별도로 만들어서 자극을 주는 편집기법은 없다. 리얼리티 그대로다. 그런데 우리는 어떤가. 한국의 자극적인 텔레비전 화면이 우리의 자극적인 성향을 더욱 부추기는 건 아닐까.

독일 뉴스에서 자료화면은 특별한 경우 말고는 없다. 타게스샤우의 화면 없는 아나운서 멘트 보도가 하나의 관행으로 자리잡은 것도 제 화면이 없는 경우 애매한 자료를 사용하지 않는다는 원칙 때문이다. 유사

화면은 사용하지 않는다. 초상권과도 관련있는 시청자에 대한 배려이다. 그냥 그림 좋다고 대강 갖다 붙이는 편집이 멋져 보일지는 모르지만, 시청자 기만행위이다.

검증된 고참 아나운서들이 번갈아 가며 절제된 톤으로 기사를 읽으니 보고 듣기 매우 편안하다. 전체적으로 뉴스가 요란하지 않다.

스튜디오에 서서 오가며 뉴스를 할 일도 이유도 없다. 특파원을 최대한으로 활용하는 것은 경제적으로 좋은 일이다. 물론 독일이 우리보다 대국이니 자연히 국제뉴스 비중이 높다고 치부할지 모르지만 우리의 경으 막대한 돈을 들여 내보낸 것에 비해 활용도가 낮고 편중이 심하다. 특파원이 게으르고 무능해서라기보다 안에서 특파원 뉴스를 먼 나라의 재미없는 뉴스로만 여기기 때문이다.

이는 말로만 국제화 시대라고 하면서 미디어가 국제화 시대를 소경으로 만드는 직무유기이다. 국제뉴스를 어떻게 재미라는 기준으로만 보는가. 여러 나라 소식을 두루 전하다 보면 국제뉴스에 대한 이해도도 높아지고 세상에 대한 이해와 배려심도 높아지는 것 아니겠는가.

그리고 라이브를 자주 하는 것도 좋다. 뉴스가 생동감 있어지고 신뢰도 간다.

정치인이나 정책당국자들이 나와 국민들에게 정책을 설명하고 검증받고 하는 것도 우리 사고로는 정부 홍보로 여겨질지 모른다. 하지만 중요한 정책은 들고 나와서 설명하고 국민들에게 평가받고 여론의 검증을 받을 필요가 있다. 우리도 기사 선택이나 판단의 시야를 좀 더 민생적 관점으로 확장할 필요가 있다.

이제 제도적 측면을 좀 보자.

공영방송 ARD의 공영정신 구현이 타게스샤우 같은 뉴스를 가능케 한 것이다. 살펴봤듯이 ARD는 실체가 없는 방송사이다.

시청료 수입으로 운영된다고 해서 정부가 집권당 중에서 마음에 드는 사람을 사장으로 앉히는 것이 아니라, 각 지역방송사에서 돌아가면서 한다.

ARD에서는 사장이 대단한 위세의 자리가 아니다. 권력과 내통하는 모사의 자리도 아니다. 방송은 주체적이고 독립적이다. 지역 9개 방송사들이 다 그렇고 그걸 연합한 ARD의 운영철학 역시 같다.

물론 지역규모가 다르기에 ARD로 송출하는 뉴스나 프로그램양의 차이로 내부 불만도 생기고 티격태격도 할 수 있겠지만 원칙이 훼손되지는 않는다.

이사회가 각계각층의 양식 있는 인사로 구성되어 거수기 노릇이나 하면서 지탄을 받는 한국 공영방송의 운영시스템하고는 차원이 다르다. 독일의 일부 제도만 흉내 낼 것이 아니라 이런 제도적 운영이나 합목적성, 투명성을 본받으면 좋지 않을까?

한국 공영방송 사장을 어떻게 선출하는지 보라. 그리고 그들 주변에 어떤 인력이 포진되어 있으며 무슨 생각으로 뉴스를 끌고 가는지 보라. 사람을 골라 쓰고 사람을 부리는 그들의 정관정요貞觀精要를 한번 들여다 보라. 부끄럽기 짝이 없고 좀 멋쩍은 노릇이다.

이 점에서 한국의 공영방송이라고 하는 KBS, MBC에 근본적인 개혁이 필요하다.

특히 MBC의 경우 회사 정체성을 분명히 재정립해야한다. 방문진이라는 이사회에서 사장을 선출하는 형식만 공영일 뿐, 상업광고로 재정을 충당하고 있다. 무수한 자회사를 거느리고 있고 그런 회사들이 경영타개의 목적에 부합할지는 모르지만, 공영정신에 부합하는지는 살펴볼 일이다.

한국 텔레비전의 뉴스현실을 생각하면 그 연륜이나 기술발전으로 인한 화려하고 깔끔한 외형에 비해 내부 시스템은 후진적 면모를 벗어나지 못하고 있다. 더욱 안타까운 것은 개선될 싹수도 별로 없다는 것이다. 명실상부한 공영성을 바탕으로 투명성의 머리구조가 확립되지 않고서는 그냥 권력의 향배에 따라 장사꾼이 들락날락하듯 반복적인 악순환을 거듭할 것이다.

집권여당의 색깔에 따라 비중을 두는 뉴스가 달라지고 비판이나 감시의 역할이 안 된다면 그게 무슨 공영이겠는가. 뉴스에서 공영과 상업의 경계선이 바로 이 지점이다, 라고 콕 집어 말할 수는 없겠지만 상식적인 기준이 있다.

이를테면 근자에 대통령 퇴임 후 사저 보도문제가 논란이 된 적이 있었다. 공중파에서는 이 보도를 외면하거나 축소했다는 내부비판이 있었다. 그런 차에 <나는 꼼수다>라는 인터넷 방송이 이를 희화적으로 방송하면서 장안의 큰 관심을 모았다. 나꼼수의 방송이 사실과 다르고 풍설과 너절함이라는 비판과는 별개로 이 같은 변종방송이 주목을 받는 게 공영뉴스가 전혀 공영답지 못한 데서 온 현상이 아닌가 싶다.

뉴스가 특정 정파나 이념에 심하게 휘둘리면 신뢰를 잃는다. 공영이란 간판이 부적절하게 된다.

시청료를 갖고 운영하는 공영방송이 특정권력과 계층에 우호적이라면 시청료를 낸 국민은 뭐가 되는가.

공영은 다수를 위한 방송이다. 휘둘리는 것보다 국민들에게 있는 사실을 자세히 알려줘서 상식으로 판단할 수 있는 정보의 통로가 되어야 한다.

현실을 파악하는 척도를 제공해주는 역할을 회복해야 한다. 지적과 훈계와 질타 못지않게 중요한 가치이다.

그렇지 않으면 공영방송이 상업채널과 무엇이 다른가. 시민, 교양, 사회를 이루는 기반을 공영뉴스가 만들어줘야 한다. 서로 배려하고 존중하는 기본적 삶이 배어있는, 미래 삶의 방향을 가늠할 수 있는 이런저런 세상의 것들이 복합적으로 녹아 있는 방송이 필요하다.

좋은 방송은 잘 훈련된 좋은 인력들이 모여 좋은 정신으로 실현하는 것이다. 묘수가 따로 있는 것이 아니다. 타게스샤우가 세트를 고치고 아나운서를 교체해서 1등을 하고 있는 것이 아니다. 뉴스시간이 길어서 1등을 하는 게 아니다. 외피는 시대에 처지는 것처럼 보이지만 내용물은 늘 시대와 국민들의 소리에 밀착해서 다가가 있다. 그게 경쟁력이다. 세상과 다른 소리를 하는 것이 경쟁력이지, 튀는 것이 경쟁력이 아니다.

왁자지껄한 게 방송의 전부는 아니다. 시비나 트러블 야기로 인한 사회적 관심 환기와 경쟁력은 다르다. 부화뇌동과 편승이 아니라 삶의 좌표와 방향에 대해 국민들에게 유효한 척도를 제공해주고 있는지 냉혹한 성찰을 해야 한다.

시청자들은 공영방송의 시청률표를 궁금해하지 않는다. 시청률로 평가하는 한계를 넘어서 통찰과 시대의 너머를 바라보는 방송을 보고 싶어 한다. 공영뉴스는 사실과 신뢰를 바탕으로 표준적인 공론장 역할을 수행해야 한다. 그래야 세상에 온갖 음모와 풍설과 주장을 거르는 자정 기능이 작동하게 된다.

이게 고장 나면 혼란이 온다. 재미타령은 이제 그만 하자. 재미, 흥미, 남의 사소한 사생활 따위를 보고 살 만큼 그리 한가하고 여유로운가. 병들어가는 사회의 모습 자체가 텔레비전의 모습과 같다면 지나친 과장인가.

세상은 한계점에서 갈등과 생존의 몸부림을 하고 있는데 텔레비전만

이 태평성대다. 분칠한 가면무도회를 연출하고 있다. 그러다 어느 날 이
건 아니다, 라고 돌팔매질 당할지 모른다. 역겹다는 부메랑이 돌아올지
도 모른다. 이렇게 그냥 지속되리라고 안도한다면 큰 착각이고 정말 무
지의 태평이다.

자기표현이 강한 시대이다. 분출의 욕구가 극에 달하고 있다. 1인 미디
어의 흐름이 거세다. 때로는 성난 모습으로 때로는 불길같이 거세다. 옳
고 그른 것은 폭풍 속에 가려 잘 안보이기도 한다.

다 까발려진다. 아니면 말고도 있다. 이러한 의견표출의 자유와 분방
함이 미디어의 본령은 아니다. 그러므로 불만과 분노를 다양한 소통 속
에 걸러주고 짚어주는 역할이 더 중요하다.

괴담과 폭로가 순간에는 흥미롭고 재미있을지 모른다. 그러나 그게
사실정보를 뒤덮는다면 양화良貨가 악화惡貨에 쫓겨나는 꼴 아니겠는가.
남의 괴담을 재미로 들을지 모르지만 그 당사자가 나 자신이라 생각해
보았는가. 괴담이 심심풀이 땅콩 정도를 넘는 위험 사회의 징후가 보이
기에 그렇다는 것이다.

공론장의 붕괴조짐 마저 보이고 있다. 음모론에 더 환호하고 신뢰를
보내는 사람들도 생겼다. 비아냥이 사실을 압도하고 이기적 진실이 판
친다. 혹자의 말대로 이제 사실 시대는 종언을 고했는가?

걸러내 주지 못하는 불구의 상황이다. 심각하다. 휴대전화 속에서 모

든 게 다 소통되고 유목민처럼 이동 중에 정보가 체크되는 1인 미디어 및 복합 미디어 시대다. 안방에서 편한 자세로 지친 심령을 이불 위에 눕히며 그날그날 뉴스를 접하는 시청자들이 무슨 뉴스를 접해야 하는지 벼랑에 선 심경으로 고민하고 노력하고 만들어내야 할 것이다.

척도조차 상실하면 표류하게 되어 있다. 모두 다 돛을 달고 대양으로 나오고 있다. 새로운 상황, 새로운 시대, 새로운 도전을 하는 풍파심한 세상에 닻의 역할을 하는 앵커Anchor가 필요하다.

앵커석에 앉아있는 분장 잘한 앵커도 필요하지만 진정한 척도로써 닻이 필요하다.

욕망의 구호에 매달려 적대감으로 치고받는 갈등 확산의 상황이 아니라 건강한 상식이 존재하는 건강한 시민사회, 이해와 배려가 충만한 사회로 가는 다리 역할이 필요하다.

그게 공영 텔레비전 뉴스의 미래이자 한 사회, 한 국가, 한 세대가 함께 더불어 살아가는 사회를 만드는 작업일 테고, 그걸 감당할 때 공영방송 뉴스가 테크놀로지의 격변 속에서도 변치 않는 수문장으로 묵묵히 살아남을 것이다. (신창섭)

# 성공한 내 모습을 상상하라

**정문섭 지음 | 신국판 | 값 15,000원**

산골마을에서 태어나 서울시장을 역임하고 민선 충청북도지사를 재선한 후 아름다운 퇴장을 선택한 이원종 지사, 최초의 민간인 출신 한국거래소 김봉수 이사장, 전 세계 마그넷 시장의 절반을 석권한 (주)자화전자 김상면 대표이사, 초우량 반도체회사를 일군 (주)세미텍 김원용 대표이사, 암 연구 분야의 세계적 권위자 박재갑 국립암센터 초대원장, 국내 정크아트를 개척하고 시장을 만든 (주)정크아트 오대호 대표이사. 끊임없는 노력과 명쾌한 목표의식으로 성공에 이른 여섯 주인공의 치열한 생애를 살펴본다. 모든 개인과 단체와 기업들에게 더없이 소중한 가치가 있을 여섯 주인공의 특별한 경험들을 바로 지금 만나 볼 수 있다.

# 대한민국 상위 0.1%의 자식교육

**이규성 지음 | 신국판 | 값 15,000원**

대한민국을 움직이는 명문기업家의 자식들은 뭔가 특별한 것을 배운다? 그간 외부에 드러나지 않았던 명문기업가의 자식교육 비법을 파헤친다. 최고의 자리에 올라 기업을 이끄는 선두리더가 되기 위해 그들은 부모로부터 무엇을 배웠으며, 또 후대의 자식들에게는 어떤 것을 가르치는지를 심층적으로 추적한 이 책은 현재 대한민국을 대표하는 기업 삼성, 현대, LG, SK, 롯데, 한화, 두산, 효성, 코오롱, 대림, 동원, 배상면주가, 샘표식품, 에이스침대, 안철수 연구소의 존경받는 리더들이 어떻게 완성되었는지를 알려준다.
명문기업가의 자식교육비법을 전수받아 대한민국을 넘어 세상에 우뚝 서는 자녀들의 청사진을 그려보자.